SOBRE LA AUTORA

Gabriela Berrospi
CEO & Founder
Latino Wall Street
www.latinowallstreet.com
⊙ @gabywallstreet
⊙ @latinowallst

Especialista en Finanzas y Opciones de Trading, egresada de New York University. Vivió y se educó en Manhattan, siempre en el entorno de la Bolsa de Valores de Nueva York, corazón financiero del mundo. Actualmente reside en Puerto Rico desde donde lidera el emprendimiento femenino y la incorporación de los latinos a las actividades financieras en la Bolsa de Valores de Nueva York.

Es fundadora del Movimiento Latino Wall Street, una organización que promueve la educación financiera y la participación responsable en la Bolsa, con miles de miembros activos hasta la fecha. Sus seguidores y estudiantes son personas de todas partes del mundo, desde Ecuador hasta Australia. Y por supuesto, con presencia activa en buena parte de América Latina.

Gabriela es conocida como @gabywallstreet, en Instagram, red social desde la cual motiva a miles de latinos, especialmente a mujeres, para que puedan mejorar su calidad de vida aprendiendo a invertir y generar ganancias en la Bolsa de Valores. Educando con seminarios presenciales a lo largo de Latinoamérica, Puerto Rico y Estados Unidos, ofreciendo cursos y clases en línea.

En sus cursos, clases y seminarios, enseña estrategias para generar ganancias en la Bolsa de forma clara y transparente. Compartiendo conocimientos que son ocultados al gran público y más aún para los latinos. Pero más allá de la información técnica para ganar en la Bolsa de Valores, Gabriela entrega herramientas psicológicas para tener éxito en esta industria.

Ha sido nominada por Yahoo Finance entre las Top 10 Mujeres Emprendedoras del 2020 y seleccionada para el Forbes Finance Council, un panel de expertos ultra selectivo y privilegiado, ante el cual se debe comprobar experiencia, rendimiento, éxito en inversiones e ingresos de mínimo 1 millón de dólares anuales.

Su socio es el reconocido Alan Burak, dueño del fondo de inversión (hedge fund) Never Alone Capital en Manhattan. La combinación de experiencia y energía de ambos los hace únicos en la industria.

Gabriela atribuye parte de sus éxitos económicos y profesionales, obtenidos con menos de 30 años de edad, a la intensa formación, tanto en temas financieros y bursátiles, como en su desarrollo personal.

Ha estudiado con grandes líderes del crecimiento personal y la motivación. Reconociendo la formación recibida trabajando de cerca con Tony Robbins, siendo Platinum Partner, y con el reconocido Bob Proctor. También aprendió a cultivar su ecuanimidad y espiritualidad a través de la meditación, formándose en el Instituto de Meditación Trascendental en Manhattan, fundado por el legendario inversionista y líder de opinión económica, Ray Dalio.

Fue conferencista en un TED TALK, exponiendo sus ideas sobre cómo romper estereotipos en la industria y educación financiera en un mundo dominado por hombres anglosajones. Gabriela se destacó por ser la primera joven latina en este panel, dictando su charla antes de cumplir los 30 años.

Por sus méritos y actividad en el trading y la Bolsa, fue invitada especial en la Conferencia Anual de Shareholders de Warren Buffett, uno de los inversionistas más importantes y respetados en las bolsas de valores del mundo.

www.latinowallstreet.com ⓞ **@gabywallstreet**

AGRADECIMIENTOS

Deseo expresar mi eterno agradecimiento a Guillermo Rodríguez, "Nutrillermo," un amigo y mentor, el cual me abrió mi cuenta de Instagram @gabywallstreet y me presentó a su comunidad latina.

Gracias por haberme acercado a miles de personas dándome la oportunidad de servir educando sobre cómo ganar dinero y usarlo inteligentemente en la Bolsa de Valores de Nueva York. Gracias Nutri por creer y confiar en mí siempre.

A mi esposo, Anthony Delgado, por acompañarme en cada paso de esta aventura de invertir, emprender y enseñar. Por ser el cerebro detrás de Latino Wall Street, para que todos puedan tener acceso a la educación financiera de forma virtual y nadie se quede atrás.

Y a mi familia, equipo de trabajo y todos los miembros que forman parte de Latino Wall Street. Por apoyarme siempre, motivarme e inspirarme con sus historias de éxito.

A ti que estás leyendo porque quieres ser libre y abundante en tiempo y dinero. Espero escuchar tu testimonio exitoso, próximamente.

Gracias...

Gaby

ÍNDICE DE CONTENIDO

PRÓLOGO (a la segunda edición)

Muchas gracias. De verdad.

Gracias por confiar en nosotros. Por compartir en nuestras redes sociales tus logros, tus ganancias y aprendizajes. Gracias también a todos los que compraron la primera edición de este libro.

Nuestra intención es sacar a la mayor cantidad de latinas de la dependencia económica. Queremos liberarlas del empleo con salarios mal pagados, del esposo asfixiante o de una vida sin sentido, trabajando para pagar deudas y sobrevivir.

Lo hacemos a través de la educación financiera. Porque todos nuestros esfuerzos van dirigidos a enseñarles a manejar el dinero, saber administrarlo, ahorrarlo y multiplicarlo con inversiones en la Bolsa de Valores de Nueva York. El famoso Wall Street.

La primera edición de este libro salió en el 2020. En plena crisis del COVID 19. Y fue providencial. Porque junto con su lectura, pudimos dar talleres en línea y muchísima información útil para todos los latinos que vieron como su economía personal se cerraba, junto a sus empleos y actividades tradicionales.

Gracias a Dios, muchas personas confiaron en nosotros. Y comenzaron a estudiar en Latino Wall Street, la escuela online que creamos para educar y empoderar financieramente a los latinos.

En Latino Wall Street tenemos profesores que enseñan a invertir en la Bolsa de Valores y con criptomonedas. Yo particularmente me dedico a enseñarle a las mujeres latinas que sí es posible ganar dinero desde casa, en libertad, a su ritmo y construyendo, con educación y equilibrio emocional, un camino de prosperidad distinto a los empleos tradicionales.

Mi historia personal, desde muy niña, estuvo signada por el tema del dinero, su buen manejo y las consecuencias negativas del mal manejo, la improvisación y la falta de educación financiera.

Como lo he contado varias veces, incluso en el prólogo de la edición anterior, mi vida familiar, mi adolescencia y mi etapa universitaria estuvieron marcados por una crisis económica que sufrió mi padre.

Y años más tarde, ya estudiando finanzas en la Universidad de Nueva York, yo misma cometí el error de endeudarme por gastos irrelevantes o vanidosos. Todas esas experiencias me enseñaron lo importante que es para todos los adultos, pero mucho más para las mujeres latinas, ser capaces de saber ganar, administrar y multiplicar el dinero.

Gracias a Dios y la vida, logré conocer a personas capaces, que me ayudaron, me ensañaron y ahora son mis aliados en la hermosa aventura de Latino Wall Street.

La escuela que formé junto a Alan Burak, un líder súper exitoso en el mundo de las inversiones en Wall Street, precisamente para enseñarle a todos los latinos y yo especialmente a las mujeres latinas a alcanzar su libertad económica a través de la educación financiera y el saber invertir profesionalmente en la Bolsa de Valores de Nueva York.

Esta segunda edición del libro me ratifica en el compromiso que tengo con todos mis paisanos latinoamericanos. Quiero que aprendamos juntos a manejar intelectual y emocionalmente el dinero, comprendiendo sus ciclos económicos, las fluctuaciones del mercado y los criterios adecuados para invertir exitosamente en la Bolsa de Valores.

De eso se trata este libro. Aquí aprenderás a ganar dinero, pensando y sintiendo adecuadamente. Manejando tu emoción, agudizando tu capacidad de análisis y sobre todo decidiéndote a ser libre para que puedas vivir administrando tu dinero, tu tiempo y tus pasiones. Al final todos queremos ganar dinero, salud y buenas relaciones personales. Si lees con atención, aprendes y aplicas, te garantizo que descubrirás la magia de las inversiones y la convertirás en un camino de abundancia y libertad.

Gracias por creer en mí, en Latino Wall Street y sobre todo en ti mism@. Porque si estás leyendo este libro es porque sabes que mereces ser abundante, libre y feliz.

INTRODUCCIÓN

¡Bienvenid@!

Gracias por tomar este **GRAN PASO**. Estás buscando tu libertad financiera y la independencia económica. Pero sobre todo estás buscando ser libre de tiempo y vivir haciendo lo que quieres sin la ansiedad que produce el no tener ingresos. Así que este es tu primer paso para entrar en la prosperidad: aprender.

En este libro conocerás sobre el mundo de las finanzas y aprenderás estrategias para la compra y venta de acciones y el "trading" que es una palabra inglesa que traduce, compra/venta. También aprenderás las estrategias básicas para tener éxito en tus primeras inversiones. Te ayudará a entender que la disciplina es clave en esta industria.

Aquí aprenderás los primeros pasos, los términos técnicos y estrategias básicas para iniciar tu camino a la independencia económica a través del uso inteligente del dinero y las inversiones en la Bolsa de Valores de **Wall Street**.

Pero antes de avanzar y meternos en el mundo fascinante y emocionante del dinero y las inversiones, permíteme presentarme y contarte por qué y para qué estoy aquí, contigo.

Mi nombre es Gabriela Berrospi, más conocida como **@GabyWallStreet** por ser fundadora del movimiento **"Latino Wall Street"** una organización dedicada a educar en finanzas e inversiones a la comunidad latina. Y yo, en especial, me dedico a apoyar, capacitar y motivar a las mujeres latinas, para que sean exitosas e independientes económicamente.

Soy de Perú, graduada del Colegio Británico de Lima, gracias al cual tuve la oportunidad de ser estudiante de honor en New York University (NYU) una de las universidades más codiciadas del mundo, ubicada en el famoso Village, en el centro de Manhattan.

Al vivir cerca de Wall Street y rodearme de este ambiente desde joven me inspiré en emprender con mi propio negocio en la bolsa de valores desde casa, después de comprobar que los trabajos de 9am-5pm me ponían un techo en mis ingresos. Ahora, mi pasión es compartir todos mis conocimientos con el público, especialmente mujeres latinas, para que puedan elevarse a un nivel más alto en su calidad de vida, especialmente en el área de inversiones y finanzas.

Mi misión como mujer y latina es crear riqueza a través de la educación financiera. Quiero que millones de mujeres latinas salgan del círculo de la pobreza, dependencia económica y emocional, la violencia y la humillación de trabajar sin sentido.

En Perú y aquí en Estados Unidos he sido testigo de lo duro que lo pasan las mujeres latinoamericanas en general. Mi compromiso es ayudar al mayor número de mujeres posibles a través de la educación y la inversión inteligente. Y pienso, por mi experiencia y estudios, que invertir en la Bolsa de Valores es una forma de crear riquezas por generaciones para poder contribuir más a nuestro hogar, familias y comunidades.

Si eres mujer latina o si eres un latino orgulloso de tus raíces y quieres cambiar tu vida y la de tu familia, este libro es un primer paso. Un paseo que haremos juntos por el mundo de Wall Street.

Déjame que te cuente un poco más sobre **LATINO WALL STREET**.

Es un movimiento que fundamos para educar en finanzas personales e inversiones en la Bolsa de Valores. Queremos que los latinos, y yo especialmente lo deseo para las mujeres, crezcamos aprendiendo a administrar el dinero y sepamos usarlo e invertirlo con inteligencia. Y sé por experiencia que la Bolsa de Valores es un buen espacio para crecer, aprender y ganar.

Estos últimos años he tenido el privilegio de trabajar con miles de personas y he sido entrevistada en muchos medios de comunicación y portales informativos, desde Yahoo! Finance a Univisión, por la originalidad del movimiento Latino Wall Street.

Lo que nos hace diferente es que nosotros brindamos educación financiera profesional ya que forma parte de nuestro equipo el dueño del fondo de cobertura (Hedge Fund) Never Alone Capital en Manhattan, Alan Burak, el cual maneja cientos de millones de dólares en la bolsa.

Mis estudiantes han sido personas de todas las edades y caminos de la vida: desde un padre venezolano que se mudó a Texas hasta su hija de 8 años, desde profesionales ocupados con sus carreras hasta amas de casa, de adolescentes hasta sus abuelitas que jamás se imaginaron aprender de este mundo.

Miles de personas se han unido a la comunidad de Latino Wall Street en el último año, con el propósito de educarnos y apoyarnos unos a otros a elevar nuestro futuro financiero.

Trabajando y educando a miles de personas a través de nuestros seminarios y también de las redes sociales descubrí una amenaza terrible para la gente. Y es un patrón que se repite peligrosamente tanto en personas con títulos universitarios como con trabajadores artesanales. Todos repetían un patrón: desconocían conceptos básicos de finanzas. Hasta uno de nuestros miembros que es graduada de Harvard University, me dijo que esta educación no la incluyeron.

Y esto es así porque de alguna manera, el sistema educativo y el sistema financiero que se construyó después de la Segunda Guerra Mundial en el mundo occidental está diseñado para formar empleados resignados, trabajadores distraídos y consumidores derrochadores. No quieren que seas rico. Quieren que gastes, trabajes, te endeudes y vuelvas a trabajar para consumir. Es decir, quieren que tú los hagas ricos.

Y para eso lo mejor es poca educación financiera y mucha publicidad consumista. Y además te dan créditos, para que siempre estés endeudado y obligado a trabajar.

La gente no sabe lo que hacen con su dinero. Y se lo entregan a los bancos y las tiendas sin pensar.

Por ejemplo, nos encontramos con un gran problema desde ya hace mucho tiempo: los bancos te dan 0.01% de interés de tu dinero en una cuenta corriente y de ahorros. Las cuentas que los bancos llaman "GRATIS" te terminan costando una fortuna por todas las oportunidades que pierdes al no invertir.

Tu dinero se evapora en una cuenta corriente con la inflación, ya que todo sube de precio con el paso del tiempo, desde tu renta hasta la comida hasta la electricidad, tu carro, etc. Sin contar que al final, el banco está haciendo inversiones con tu dinero, prestándolo a tasas de interés muy altas mientras a ti te pagan centavos que al final desaparecen con la inflación.

Quizás tú seas del pequeño grupo de inversionistas pasivos. Esos que dicen "pero yo sí invierto, solo que "alguien" maneja mis fondos." Si ese es tu caso, te cuento que solo estás dándole dinero a los dueños de las empresas financieras y los especuladores de la inversión. Le estás comprando otras vacaciones jugando al golf. Mientras tú sigues con dos o tres empleos y una hipoteca que no te deja dormir.

La "trampa" está en oscurecer y omitir la educación financiera. Haciéndola parecer muy compleja y solo para iluminados de las grandes empresas. Eso es lo que algunos en Wall Street quieren que pienses, que necesitas a sus ejecutivos elegantes para manejar tu dinero. Lo que no te dicen es que tus comisiones y tus pésimos resultados los enriquecen a ellos, no a ti.

Si esta es tu situación, me gustaría saber si sabes cuánto pagas en comisiones y tarifas para que tu dinero sea manejado. Déjame adivinar, no tienes esta información. Exacto el gran problema es que las personas que le dan su dinero a otras personas para que las manejen 1) al final no aprenden nada y 2) no tienen idea cuánto les van cobrando en el camino. La pregunta del millón es: **¿Por qué no APRENDER y quedarte con esta educación para toda la vida y con el 100% de tus ganancias?**

Así que hoy, te pido que abras los ojos. Desafiemos al sistema educativo y a nosotros mismos con esta educación. Estas tomando el gran primer paso- leer y estudiar sobre este tema. Felicidades porque formas parte de un grupo muy pequeño y exclusivo en el mundo que se embarca en esta aventura.

Eso es lo que te propongo en este libro. Y también lo que hacemos en **Latino Wall Street**...educar para la Libertad y la Prosperidad.

Este libro te llevará de la mano por los conceptos básicos. Aprenderás los términos, las palabras y movimientos claves, para empezar a entender el mundo de la Bolsa de Valores. El centro donde billones y billones de dólares pasan, todos los días, de una mano a otra. En un juego que tiene más de 100 años frente a ti. Y hasta ahora ha sido invisible. Porque así te lo han ocultado.

> **Nosotros te invitamos a aprender.**
> **Para que puedas entrar y ganar.**

Y mi propósito con este libro, es que tú, latino o latina, comiences a entender, educarte y ganar. La riqueza es el fruto de la información adecuada, la disciplina y la persistencia. **Comienza ya.**

De una isla al mundo. De un problema a una misión de vida.
Esta es parte de la historia de Latino Wall Street.

¡Hola!

Antes de que empieces a leer y aprender cómo ganar dinero haciendo trading en la Bolsa de Valores de Nueva York quiero que sepas algunas cosas sobre este libro, la persona que lo escribió y el grupo que la acompaña.

En esta nueva edición del libro de Gabriela, te contaré el "backstage", el detrás de cámaras, de cómo nació Latino Wall Street, la escuela que forman inversores latinos exitosos.

Pero primero déjame presentarme.
Yo soy Tony Delgado...soy puertorriqueño, nacido y criado en Nueva York, y soy testigo y participante en la historia de Gabriela, desde el nacimiento de Latino Wall Street y muchos eventos más.

Te contaré una historia sobre Gabriela, la famosa @gabywallstreet.

Conocí a Gabriela en un seminario en el 2018 luego de estar viajando entre Puerto Rico y New York, constantemente.

En ese tiempo estuve en Puerto Rico, luego del huracán María para ayudar con suministros. Pues dos meses después del huracán, más del 50% de la isla todavía se encontraba sin electricidad y decidimos hacer algo. Nos unimos como grupo de empresarios y empezamos donando 300 luces de paneles solares y cajas de agua.

La frase que siempre digo es "o tienes dinero que te hace imparable o tienes dinero JetBlue". El tener "dinero que te hace imparable" es para poder comprar un generador y hacer lo que sea necesario para sostenerte. O tenías "dinero JetBlue" y dejabas la isla para no volver.

Por último, se encontraban las personas que no tenían suficiente dinero ni recursos y tampoco tenían una voz con la cual levantarse y reclamar. Éstas fueron las últimas comunidades en obtener electricidad nuevamente, y todavía, hasta el día de hoy, hay comunidades que sufren las secuelas del huracán.

Recuerdo en un momento haber estado en la cima de una montaña en el campo en el centro de la isla, y los residentes del área no tenían electricidad ni agua, solo conexión a Internet por señal satelital. En ese lugar, en medio de la nada, me di cuenta que la señal de Internet de mi teléfono servía, por lo que pudimos hacer un video en vivo por Instagram y comunicarnos con el resto del mundo.

En ese momento comprendí que esa conexión de Internet que los residentes tenían en la cima era la misma conexión que yo he utilizado toda mi vida para hacer dinero. La única diferencia entre esas familias y yo era la educación que me permitía usar la tecnología para producir riqueza.

Si había un elemento diferenciador. Que era el acceso a capital y la educación necesaria para poder multiplicarlo. Así que decidí mudarme por completo a Puerto Rico en el 2018. Quería ayudar más, y sabía que un par de cajas de agua y luces solares no serían suficientes para cambiar la vida económica de las personas.

Había que impactar de otra forma, y así nació Disrupt, Puerto Rico. Queríamos darles herramientas y conocimientos para que todos pudieran crecer, ganar dinero y levantarse económicamente con nuevos modelos de negocios.

Nuestra meta era y es impactar a los 3 millones de personas que viven en Puerto Rico. Acercándolos al mundo del Internet productivo, que sepan ganar dinero en vez de solo perder tiempo viendo cosas sin valor.

Hicimos el primer evento de Disrupt el mismo año. Allí asistieron de forma presencial personas innovadoras de alrededor del mundo que compartieron con personas locales sus conocimientos. Ahora este tipo de evento lo realizamos por Internet en vivo, para alcanzar una mayor cantidad de audiencia y causar más impacto positivo.

Yo quería que la gente de Puerto Rico encontrará formas de ganarse la vida a través de Internet. Porque así podían liberarse de los problemas que dejó el huracán y la falta de dinero. Gabriela, para ese entonces ya era una exitosa instructora financiera. Y trabajaba en sesiones privadas con inversionistas particulares. Su servicio era individual y limitado a un selecto grupo de personas, en modalidad uno a uno, junto al apoyo de Alan Burak, nuestro socio.

Gabriela había conocido a Alan Burak en un seminario de Tony Robbins en Florida. Siendo dos latinos expertos en la bolsa de valores tomaron esta casualidad de la vida como oportunidad para ayudar a las personas a invertir en la bolsa de valores.

Gabriela pensaba en las mujeres latinas. Quería ayudarlas a ganar dinero desde sus casas, porque sabía que la independencia emocional de muchas mujeres se tenía que construir con independencia económica. Esa era la verdadera libertad.

Tiempo después ella me propone hacerme cargo del desarrollo tecnológico del proyecto, y yo la convencí de discutir los detalles del negocio yendo a una cita a cenar en un restaurante romántico. Allí acordamos dirigir este proyecto a la audiencia latina y llamarle LATINO WALL STREET.

Así fue como unimos la experiencia y conocimiento tecnológico que yo tenía, con las ganas de educar que tenía Gabriela. Juntos, con Alan Burak, creamos lo que hoy es LATINO WALL STREET.

Soy uno de los fundadores. Y lo escribo con orgullo y emoción. Porque abracé este proyecto con el corazón. Sabía que podíamos ayudar a miles de latinos al ofrecer información valiosa que les enseñara a ganar dinero desde sus teléfonos o computadoras con solo una conexión a Internet y unos pocos dólares.

El nombre Latino Wall Street fue inspirado por el Black Wall Street (el Wall Street Afroamericano) en Tulsa, Oklahoma. Esta había sido una ciudad donde las personas afroamericanas de los Estados Unidos, siendo una comunidad en desventaja histórica, decidieron unirse para trabajar hacia la prosperidad y creación de abundancia. Y eso es lo que Latino Wall Street quiere lograr, compartir el conocimiento y prosperidad para elevar a la comunidad latina.

Nuestra ambición por ayudar creció, pues nos dimos cuenta que la industria de la educación sobre las inversiones entre la comunidad hispana estaba vacía. Pasamos de querer ayudar a unos pocos millones de personas, a exponernos para que sobre 400 millones de hispanohablantes aprendan a generar riqueza y retenerla, no tan solo monetariamente sino también como crecimiento personal.

Mis esfuerzos siempre se han concentrado en la parte trasera de toda la producción y decisiones de la compañía, pues quiero que siempre hagamos lo mejor posible para impactar a gran escala.

En Latino Wall Street nos obsesionamos con dar mayor cantidad de información y conocimiento de calidad. Para liberar los secretos económicos de los millonarios y compartirlos con todos los latinos que sueñan y merecen tener libertad financiera. Esa es la causa que nos unió a Gaby y a mí.

Somos amantes de la libertad. No creemos en el trabajo esclavizado y desagradable. Y creemos que todos tenemos derecho a ser libres, usando nuestro tiempo, dinero y conocimiento para ganar más sin perder la vida trabajando por el sueño de otro.

Trabajando con Gabriela descubrí a una líder. Poderosa, transformadora, enamorada de su misión. Me encantó su fuerza y su dulzura. Porque ella convence con su palabra y nunca se rinde hasta lograr lo que quiere. Y eso, exactamente, me enamoró de ella.

Gabriela, pasó de ser una jovencita peruana en una situación económicamente débil, a estudiar en la prestigiosa Universidad de New York. En sus estudios y sus caminatas por Wall Street encontró su pasión en el mercado de valores. Muchos años han pasado. Sus esfuerzos le permitieron convertirse en la gran mujer que es hoy, una líder que educa, motiva e inspira, causando impacto positivo en la vida de miles de personas.

La misión de Gabriela siempre fue empoderar a las personas, y ahora lo está logrando, siendo imparable. Junto a Latino Wall Street te lleva el mensaje que no importa tu situación económica, racial o historia pasada siempre puedes tomar el momento presente como una oportunidad para edificarte fuertemente y cambiar tu vida y la de tu familia para bien.

Y ahora debo confesarte...que lo que empezó como una causa social, evolucionó hacia la gran escuela que es Latino Wall Street y mucho más...Gabriela y yo comenzamos una relación.

Hoy soy el esposo de Gabriela. Es así. Me hago llamar orgullosamente "su esposo" desde septiembre del 2020. Nos casamos en medio de toda la conmoción de la pandemia por el COVID-19. Queríamos vivir juntos, en el trabajo y el amor. Y como siempre hacemos, cumplimos lo declarado.

Era nuestro sueño compartir junto a nuestras familias en un día tan especial y sagrado para celebrar nuestra unión. Queríamos una boda con alegría y valores. Y así fue, no hay pandemia mundial que nos detuviera.

Aprovecho que estoy contándote estas intimidades para confesarte que en realidad no hablo bien el español. Al contrario de Gaby, yo nací en New York, EE. UU. Aunque la familia del lado de mi padre es de Puerto Rico, el español es tan solo un segundo idioma para mí, que admito puedo practicar más.

Este texto, lo escribí originalmente en inglés y ha sido traducido para ti y para este libro por nuestro gran equipo de trabajo.

Nuestra compañía está ayudando a miles de hispanohablantes a ver las posibilidades tanto de la bolsa de valores como del mundo de las criptomonedas. Gracias a todo el equipo por todo el increíble esfuerzo en esta gran hazaña.

Latino Wall Street se encuentra cada vez más accesible a las personas, siendo la visión inicial de Gabriela. Ella ha pasado de dar sesiones de entrenamiento uno a uno, a tener una audiencia de miles de personas gracias a la accesibilidad de los cursos. Esto se ha reforzado ahora aún más luego de la pandemia del COVID-19, haciendo todo tipo de eventos por internet.

Termino contándote que estoy emocionado porque somos testigos de dos grandes revoluciones financieras. Por fin, las oportunidades se están abriendo para todos. Solo debes saber identificarlas y abrir tu mente para aprender y actuar rápido.

Esas dos grandes revoluciones son: la posibilidad de comprar acciones de grandes compañías y hacer inversiones por Internet y la aparición de las criptomonedas. Nuestras dos formas preferidas de crear riquezas.

Las acciones son una gran herramienta ya que de esta forma accedemos a la riqueza alcanzada y creada por empresas multinacionales de gran reconocimiento tanto como Apple, con sus productos presentes en prácticamente todos los rincones del mundo, además de que se apoya al crecimiento empresarial de los diferentes países cuando decides apoyar a tu compañía preferida.

Las criptomonedas, por otro lado, son un elemento disruptor (mi palabra favorita) con la tecnología del Blockchain, una de los más grandes inventos de la actualidad.

Las criptomonedas vinieron a cambiar la economía y el mundo. Créeme. No son una moda. Ni cosas de nerds o hackers. Ellas van a darle un giro de 180 grados a todos los sectores posibles en nuestra sociedad.

Las criptomonedas son pura innovación no tan solo siendo parte del futuro creciente, sino que también representa un gran cambio que no se veía en nuestra forma de intercambio de pagos desde hace cientos de años.

Imagínate que antes solíamos intercambiar directamente carne por pan, luego tuvimos la creación de las primeras monedas físicas, siendo la primera creada para el año 600 antes de Cristo. Y ahora, más de 2600 años después, al fin la humanidad ha creado otra forma de pago que aún está en desarrollo de adopción masiva.

¿Qué significa esto? Que tú, querido lector, puedes acelerar tu camino a la riqueza si estás dispuesto a aprender, expandir tu mente y practicar la paciencia, constancia y disciplina junto a todo el conocimiento valioso ofrecido por Gaby. Hazlo, aprende, actúa y verás que tu futuro está prácticamente garantizado.

Ese futuro brillante tan solo está esperando que des el primer paso. Nunca había sido más fácil en la historia de la humanidad ganar grandes cantidades de dinero manejando información y haciendo inversiones inteligentes.

Las nuevas tecnologías, las inversiones por Internet y las criptomonedas, te darán una gran ventaja frente al resto del mundo.

Yo te dejo ahora en buenas manos. Gabriela te enseñará mucho sobre las inversiones en este libro y te adentrará en un mundo de grandes posibilidades.

Estos conocimientos que ella compartirá contigo, tales como la gestión del riego y la comprensión de tendencias te servirán tanto para la bolsa de valores como para el mundo de las criptomonedas. Es decir, tienes un tesoro en tus manos. Es tu deber cuidarlo y apreciarlo como tal.

Nuestros estudiantes han generado millones de dólares gracias a nuestros cursos, siendo tan solo el comienzo. Estoy seguro que Gabriela encenderá esa chispa también en ti para explotar tu potencial y aprovechar todas las oportunidades posibles, empezando desde ahora contigo leyendo este libro.

Anthony (Tony) Delgado
Programador profesional
CEO DE LATINO WALL STREET
CEO DE DISRUPT

CAPÍTULO 1.
El camino a la riqueza comienza en tu cabeza.

Una mente triunfadora.

Antes de adentrarnos en materia de la Bolsa quiero orientarte a que abras tu mente y sepas que solo hay dos cosas que te separan de la vida que has soñado tener. Y esas cosas son: información adecuada y firme determinación.

Quiero que te visualices como la persona que lograrás ser. **Mírate en tu mejor momento**, ganando dinero, trabajando en lo que amas o en lo que te toca, viviendo en la casa que siempre soñaste, en abundancia, segura y feliz. No te limites, no importa que hoy no sepas con exactitud cómo, simplemente imagínalo, pero hazlo en grande.

> ∧∧ **¿Sabías que lo que diferencia a una persona pobre, en dinero y logros, de una persona exitosa y millonaria, es solo su mentalidad?** ∧∧

Y esto no lo digo yo. Está comprobado que las personas que han logrado el éxito comenzando desde cero, lo han hecho desde la convicción, confiando en ellos mismos, persistiendo, siendo trabajadores y comprometidos, porque siempre fueron capaces de verse a sí mismos en la posición que deseaban estar.

El nacer en cuna de oro no es una garantía de éxito. Una persona heredera, pero con mente mediocre puede derrochar y destruir cualquier fortuna. Y terminar siendo pobre, sin dinero y sin aspiraciones.

Lo mismo pasa con gente que no tenía nada. Estaban quebrados. Pero tenían una visión, un compromiso y una pasión increíble. Y actuaron. Esos son los multimillonarios de hoy.

Te comparto este dato curioso. En la lista de las treinta personas más ricas del planeta, veintitrés de ellos pertenecen al grupo de los que empezaron de cero, es decir, sin herencias, sin ser hijos de millonarios, dueños de empresas o ganadores de la lotería.

Un ejemplo claro son los fundadores de Microsoft, Facebook y Google. Todos chicos universitarios, con información, con visión y pasión, obsesionados con sus ideas, trabajando duro a lo largo de los años.

"Todo logro y toda riqueza ganada comienza con una idea, si preparamos nuestra mente adecuadamente, para recibirla y actuar con decisión, ya tenemos la mitad del camino ganado".

Las personas exitosas y multimillonarias tienen características comunes. Lo han estudiado sus biógrafos, los analistas financieros y también los periodistas. Y en todos los casos, siempre ha habido una mezcla de visión, información, creatividad, audacia y constancia.

LOS ATRIBUTOS QUE DEBEMOS CULTIVAR, SI QUEREMOS AVANZAR EN LA RIQUEZA, SON:

Dominio de la mente: es decir, no cerrarse a las ideas, no paralizarse por el miedo, no quedarse en el análisis eterno, confiar en ti mismo y creer en tus proyectos.

Buenos hábitos: austeridad, moderación, ejercicios, evitar los vicios y trabajar consistentemente todos los días, aprendiendo y haciendo.

Disciplina: es hacer lo que debemos hacer, aunque no tengamos ganas, fuerzas o coraje. Es hacer lo correcto todos los días, venciendo el miedo, la pereza y los mensajes negativos del entorno.

Auto conciencia: saber pensar, analizar profundamente los patrones de pensamientos propios y de los clientes, conectar contigo mismo y descubrir tus fortalezas para impulsarlas y tus debilidades para corregirlas.

Audacia: todo lo grande asusta, por eso es grande e importante. El reto está en hacerlo, actuar, con optimismo, con miedo, con dudas, sin tener toda la información necesaria, y aun así actuar confiando y visualizando un buen resultado. Actuar, con audacia, pensar en grande y nunca rendirse.

¿Y por qué te hablo de todo esto, si este libro es para aprender a invertir?

Déjame recordarte que mi propósito no solo es enseñarte a generar dinero en la Bolsa de Valores, la finalidad del movimiento Latino Wall Street es sobre todo empoderarte, hacerte creer en ti y en tus capacidades, no importa en cual momento de tu vida te encuentres.

¿Por qué es tan importante la mentalidad en el mundo de las inversiones?
La bolsa de valores se mueve principalmente por emociones y si no estás preparado para ello, si no cuentas con una mente fuerte y una decisión clara de tus objetivos, puedes llegar a fracasar antes de ver resultados.

No te asustes a todos nos puede pasar y tampoco es el final, recuerda que en la vida y en las inversiones nada es seguro y allí es cuando tienes que ser más decidido y audaz, para no desistir de tu propósito.

Cuando alguien me cuenta preocupado sobre sus acciones en "**rojo**" mi primer consejo es que se tranquilicen, ya que ver números negativos no es significado de una perdida rotunda, a no ser que vendas a un precio menor al que compraste (asumir perdida). Así mismo en la vida, nadie esta derrotado mientras no acepte la derrota como una realidad.

El ser humano por naturaleza está condicionado a no confiar y a pensar primero en lo peor, inclusive antes de analizar las posibles soluciones. Cuando se escuchan malas noticias, nuestros primeros pensamientos siempre son de alarma, dejamos que nos invada el miedo y nos paralizamos. Sin embargo, una persona con mente exitosa ve siempre las crisis como un aprendizaje y una oportunidad de crecer y reinventarse, pero jamás deja que el miedo lo controle.

REPROGRAMA TU MENTE

Al estar condicionados a ciertos comportamientos negativos por años es difícil cambiarlos de un día para otro. Mucho de lo que sabes sobre el dinero es una mezcla tóxica de prejuicios, malas noticias, creencias familiares y populares y los resultados de la publicidad que has oído toda tu vida invitándote a gastar y gastar.

Así que lo más inteligente sería "re-programar" nuestro cerebro. Y la única manera de lograrlo es haciéndolo de la misma manera que aprendimos todo en la vida, mediante la repetición continua de estos nuevos hábitos.

A cada pensamiento negativo que te invada ponle un alto, e inmediatamente después piensa en algo lindo que te haya sucedido, respira hondo, recuerda algo bueno que te haya sucedido y desvía tu mente para que ese pensamiento paralizante sea reemplazado por un pensamiento de gratitud o una idea optimista sobre algún proyecto o reto que tengas.

Para este proceso es muy importante también identificar cualquier posible detonador, es decir, que aprendas a identificar las personas, temas, lugares o eventos que te generan pensamientos de ansiedad, miedo o negatividad. Y aprender a controlarlos, bien sea evitándolos o limitando su impacto en ti.

Por ejemplo:

Personas negativas a nuestro alrededor: Criticándonos, llenándonos de pesimismo, haciéndonos dudar de nosotros mismos o siempre hablando de pobreza, fracasos, enfermedades o problemas. O aún peor, quitándonos energía pidiendo ayuda o atención todo el tiempo. Gente así es muy tóxica, es mejor mantenernos alejadas de ellas.

Solución: Rodéate de personas positivas y que lleven un estilo de vida semejante al que tú quieras alcanzar, recuerda; somos el promedio de las 5 personas de las que te rodeas. Busca y comparte con esas personas que ya lograron en parte o totalmente lo que tú deseas tener.

Información tóxica, frívola o inútil: Lo que vemos o escuchamos en la tv, radio y redes sociales. Especialmente si te dejas influenciar fácil por ello, nuestra mente es una esponja que retiene todo, tenemos que ser selectivos con lo que colocamos allí.

Solución: Filtra tus redes, deja de seguir a personas que no aporten nada a tu superación personal, deja de ver tanta televisión y en cambio comienza a leer sobre lo que te gustaría emprender o algo que enriquezca tu vida.

Alimentación, vicios, sedentarismo y dormir mal: Cuatro malos hábitos que influyen en nuestras hormonas, las cuales afectan nuestro estado de ánimo. Por algo se dice que **"Mente sana en cuerpo sano".**

Solución: Poco a poco, trata de comer lo mejor posible y hacer ejercicio, no tienes que ir corriendo a inscribirte en un gimnasio o contratar el mejor entrenador. Hay muchas actividades que puedes hacer desde tu casa, como saltar cuerda o salir a caminar alrededor de tu barrio. Ambos cambios afectarán positivamente tu sueño. Otro consejo que te doy es tener horarios para despertarte e ir a dormir, así mismo limita tu tiempo en redes.

Cambia y rompe con las creencias limitantes o negativas sobre el dinero. Como te mencioné antes, la mayoría de los seres humanos estamos condicionados a pensar de manera negativa hacia el dinero. Si eres latina seguramente creciste en un hogar en el cual abundan frases negativas sobre el dinero porque lo asocian con avaricia, codicia o corrupción. O peor, ven a una persona rica e inmediatamente comienzan a descalificarlo tildándolo de persona frívola, especulador, avaro o corrupto. Todas esas creencias tienen años repitiéndose en nuestro inconsciente colectivo e individual. Por eso hay gente que rechaza el dinero aún sin saberlo.

Solución: Las ideas negativas sobre el dinero, que aprendiste cuando eras niña, en la Iglesia, el Colegio o tu familia, son las ideas de otras personas, que no tienen validez sobre ti. El dinero no es malo o bueno. Es una herramienta. Como un martillo. Hay personas que con un martillo pueden hacer una casita para los pájaros. Mientras que una persona mala puede usar un martillo para dañar a otra. No es la herramienta, es el uso. Sí eres una mala persona con dinero serás peor. Sí eres una buena persona con dinero serás mucho más útil y generosa. Busca esas ideas negativas que tienes sobre el dinero y deséchalas, porque hasta ahora solo te han traído pobreza, ansiedad y conflictos.

Esto de las creencias negativas sobre el dinero es terrible. Y con frecuencia lo vemos en Wall Street, dos sentimientos de fondo, el miedo y la codicia, ambos negativos. Pero son pensamientos profundamente sembrados en el inconsciente de las personas.

La realidad es que muchas veces estas creencias sobre el dinero influencian nuestra economía. Lo que piensas es más importante que lo que eres. Por eso debes poner atención en esas creencias limitantes, ya que ellas lideran nuestra vida y tú eres el único responsable de decidir cuáles mantener.

Las personas con creencias limitantes están acostumbradas a no planear, a no soñar, a no exigirse y a culpar a otros de lo que les pasa. Date cuenta de que tú eres la constructora de tu propio destino, no dejes en manos de otros tu futuro.

Tú eres extraordinaria y suficiente. Solo necesitas creerlo

Por eso quiero compartir unas semillas mentales, unas ideas que tuve que sembrar y cuidar en mi mente. Y gracias a ellas pude cambiar mi vida y mis finanzas.

Estas semillas fueron plantadas por mi círculo de amigos en Wall Street desde muy temprana edad y hoy quiero compartirlas contigo porque me parecen necesarias para poder alcanzar la libertad financiera.

 Primera semilla: educación financiera.

Si no recibiste educación financiera, búscala cuanto antes. El tiempo es dinero. Y mientras más tarde comiences a controlar tu dinero, ahorrar e invertir, peor y más difícil será tu camino hacia la tranquilidad y libertad económica. Cada mes cuenta.

Tuve el privilegio de ir a los mejores colegios y universidades y ni siquiera en esos costosos y prestigiosos colegios nos enseñaron educación financiera de calidad, con frecuencia y pragmatismo. Nos educan para ser buenos profesionales empleados, buenos doctores o administradores, compradores, consumidores y deudores. Pero no nos enseñan cómo crear un fondo de emergencias, un programa de ahorro, cómo prepararnos para una recesión o la jubilación, cómo invertir y cómo distribuir nuestro capital.

Busquemos educación financiera lo más pronto posible. Este libro es específico para aprender a invertir en la **Bolsa de Valores de Nueva York, Wall Street**.

Y si somos padres o usuarios de las redes sociales exijamos al sistema educativo que agregue educación financiera en las escuelas de nuestros hijos, sobrinos o vecinos. El público tiene una voz y las redes sociales nos han dado poder. Usa tu voz, tendrán que escucharnos. Mientras antes, mejor.

Segunda semilla: el tiempo y el ahorro.

Las inversiones a largo plazo tienen la mayor probabilidad y potencial de llevarte a la libertad financiera, para eso tienes que tener paciencia. Este es un gráfico del S&P500, el índice que representa las 500 empresas más importantes de la Bolsa. Si hubieras invertido en este índice en 1981, te hubiera costado aproximadamente $122. Esa pequeña inversión hoy tiene un valor de más de $4,600. Un retorno de inversión de aproximadamente 4000% de tu capital.

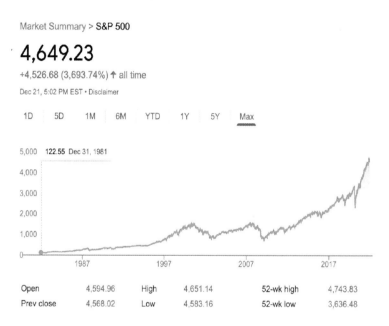

Comencemos a pensar a largo plazo: en nuestro futuro. Ahorremos lo más que podamos. Y apartemos una buena parte de lo ahorrado para invertirlo en planes de jubilación, fondos y acciones. Invertimos también parte de las ganancias, creando un sistema que al cabo de unos años nos podrá pagar una renta mensual y cubrir todos nuestros gastos.

Las inversiones que te cambian la vida son generalmente las que mantienes por más tiempo. ¿Y sabes de quién aprendí eso? de Warren Buffet, el billonario #1 inversionista en la bolsa de valores del mundo.

Tercera semilla: actuar, sin temor.

Cualquiera lo puede hacer, no importa tu edad y las cantidades que quieras invertir. De hecho, empezar es el primer paso al éxito. Comienza. Incluso con pequeñas inversiones. Pero hazlo. Porque solo la acción genera resultados. Ni las ideas, ni las opiniones sirven. Solo sirve actuar.

Recuerda lo que dije antes: Wall Street quiere que pienses que los necesitas a ellos para invertir tu dinero, pero eso es mentira.

Todos podemos abrir una cuenta de trading y si tenemos los conocimientos empezar desde ya. Es más, hasta los niños pueden empezar con autorización de los padres, y crear cuentas a sus nombres. ¿Cómo crees que funcionan los fondos de los niños billonarios? Esos niños llamados los "Trust Fund Babies" tienen cuentas desde que nacen. Empecemos a abrir los ojos que todos podemos hacerlo desde ya.

Lo importante es comenzar, comienza con lo que tienes, comienza con poco, edúcate y ve creciendo. Sembremos esta semilla en nosotros y en nuestros niños, para que no sean una estadística más de personas que no reciben educación financiera. Puedes también unirte a nuestro movimiento que promueve esta educación. Visita nuestras redes sociales **@gabywallstreet** y **@latinowallst** o visita nuestra página web **www.latinowallstreet.com**

Parte de esta educación es abrir los ojos y darte cuenta de que no te tienes que conformar con solo ser consumidor y siempre estar gastando y dándole tu dinero a las grandes empresas. Puedes ser también inversionista y beneficiarte de lo que las empresas ganan. Por ejemplo, si todos los días compras un café de Starbucks y te cuesta $5, en 1 año estas gastando $1,825. ¿Por qué no mejor comprar acciones de Starbucks que en estos momentos cuestan $70 dólares cada una?

Después de consumir todo ese café, no tendrás nada de retorno. Pero después de invertir en una empresa como Starbucks, las probabilidades están a tu favor considerando que las acciones de Starbucks se han doblado en el último año. Lo mejor es que no hay mínimo para invertir, puedes empezar con tan solo una acción.

CAPÍTULO 2

Introducción a las inversiones y trading

BOLSA DE VALORES

La bolsa de valores es un mercado donde empresas y actores financieros demandan y ofrecen capital, realizando transacciones de compra y venta a través de intermediarios autorizados. Muchas veces se conoce simplemente como «la Bolsa».

Las bolsas de valores permiten la negociación e intercambio entre las empresas que requieren financiamiento, y los ahorradores (personas u organizaciones). Estos últimos buscan invertir su excedente de dinero para obtener una rentabilidad.

En las bolsas normalmente se negocia tanto renta variable (acciones) como renta fija (deuda), siendo el primer caso el más conocido.

Cabe precisar que las bolsas de valores pueden ser lugares físicos o virtuales que son administrados por organizaciones privadas. Esto, previa autorización de la entidad gubernamental o regulatoria correspondiente.

La Bolsa de Valores es una organización privada, en Nueva York, en una zona conocida como Wall Street, que permite que sus clientes hagan negociaciones de compra y venta. Tales como acciones de compañías y una amplia variedad de instrumentos de inversión.

En nuestro caso, **La New York Stock Exchange (NYSE)** es con mucha diferencia la bolsa más grande del mundo. La capitalización del mercado ronda los 20 Trillones   de dólares. El horario de la bolsa de New York es de 9:30 am a 4:00 pm hora de esta ciudad y son las horas en que podemos operar. Aunque la bolsa de valores es un símbolo del mundo financiero, no tiene que ver nada con la economía mundial. La bolsa de valores es un reflejo del sentimiento del mercado y de los inversionistas.

A continuación, te presento un **GLOSARIO** de las palabras más comunes en el mundo de las inversiones y el trading y que utilizaremos a lo largo de este libro. Por ahora no tienes que entender todas, pero trata de familiarizarte con ellas poco a poco.

- **Activo Subyacente.** Activo financiero negociable en la bolsa de valores. Ejemplo: Acciones, índices, bonos o commodities.
- **Análisis Técnico.** Estudia el pasado en el precio para tratar de predecir puntos específicos en el futuro dentro de una gráfica.

- **Análisis Fundamental.** Este tipo de análisis se basa en la evaluación de los activos a partir de los hechos e influencias externas, así como de los estados financieros y de las tendencias industriales.
- **Apalancamiento.** El apalancamiento nos permite usar dinero prestado del bróker para poder realizar inversiones. Así podemos invertir más dinero del que tenemos, de este modo cabe la posibilidad de obtener más beneficio o más pérdidas. Pero existe otro tipo de apalancamiento y es el de las opciones, un ejemplo es la compra de contratos los cuales nos permiten pagar una pequeña prima para poder generar una ganancia que puede ser infinita, aunque el riesgo en este tipo de operativa es alto.
- **Asignación.** Cuando el vendedor de un contrato de opciones debe cumplir con la obligación del contrato vendiendo o comprando el activo subyacente al precio de ejercicio. Esto sucede porque el comprador del contrato ejerce su derecho de comprar/vender dicho activo.
- **Ask.** El precio más bajo al que el vendedor está dispuesto a vender.
- **Bid.** Es el precio más alto que el comprador, está dispuesto a pagar.
- **Bróker.** También llamado Corredor de Bolsa, es un intermediario que actúa por comisión en nombre de sus clientes y el mercado para ejecutar órdenes de compra y venta mediante una plataforma de inversión.
- **Cadena de Opciones (Option Chain).** Espacio en la plataforma de inversión donde podemos escoger contratos de opciones de compra y venta.
- **Capitalización.** Es una medida de una empresa o su dimensión económica. Es el precio por acción multiplicado por el número de acciones disponibles de una empresa para compra y venta en la bolsa.
- **Compra de Opciones.** El derecho (no la obligación) de comprar el subyacente a un precio específico en una fecha específica. El comprador no tiene que tener 100 acciones para operar.
- **Contrato.** Un acuerdo entre un comprador y un vendedor que le da al comprador/vendedor el derecho/obligación de comprar/vender un activo a una fecha posterior y a un precio acordado (strike). 100 acciones = 1 contrato. Sin embargo, no siempre tienes que tener las 100 acciones para hacer contratos de opciones (depende de la estrategia).
- **Corto Plazo.** Operaciones o inversiones que duran 1 día o semanas.
- **Crédito.** La cantidad de dinero recibido al vender un activo u opción.
- **Cuenta Cash.** Cash significa efectivo. Esta cuenta es la normal que podemos abrir con nuestro bróker. Al igual que la cuenta margen esta nos permite comprar tanto acciones como opciones, pero con la diferencia que solo podemos utilizar nuestro propio dinero. Por ejemplo, si tú depositas $1000, ese es el dinero que

puedes usar para invertir y hacer trading. La cuenta cash te permite operar opciones libremente y puedes mantenerla con una mínima cantidad de capital.

- **Cuenta Margen.** Una cuenta margen es la que te permite utilizar apalancamiento. Esto significa que el titular de la cuenta puede tomar un préstamo del bróker para realizar inversiones. Las reglas del margen están reguladas federalmente, así como también el interés puede variar entre el bróker y los negociantes. Usualmente la cuenta margen tiene ciertas restricciones de mínimos de capital para poder operar opciones libremente.
- **Day Trading.** Cuando abres y cierras operaciones el mismo día.
- **Débito.** La cantidad de dinero pagado al comprar un activo u opción.
- **Dividendos.** El dividendo es la parte del beneficio por acción (BPA) que la empresa entrega a sus accionistas.
- **Ejercicio.** Este tiene dos significados, es lo mismo que precio de ejercicio, pero también es el acto de cumplir con una opción. Para una opción de compra de ejercicio significa comprar el subyacente. Para una opción de venta de ejercicio significa vender el subyacente.
- **ETF.** Fondo índice cotizado o fondo de inversión, el cual contiene una canasta de valores que puedes comprar, ya que cotiza en la bolsa igual que una acción. Ejemplo: SPY.
- **Expiración.** La fecha en que el contrato de opción deja de existir y se expira.
- **Horquilla.** La diferencia entre el Bid y el Ask en la cadena de opciones. A mayor diferencia entre el precio de compra y venta, mayor costo y menor liquidez. Por lo tanto, mayor riesgo: entras al mercado perdiendo dinero.
- **Índice.** Representa un conjunto de varios activos financieros que se compone de acciones, bonos, divisas, etc. Ejemplo: S&P500
- **Largo Plazo.** Operaciones o inversiones de 1 año o más.
- **Liquidez.** Describe la medida que un activo puede ser comprado y vendido rápidamente y a precios estables.
- **Market.** Orden de compra o venta que se ejecuta inmediatamente al precio corriente del mercado.
- **Mediano Plazo.** Operaciones o inversiones que duran 1 mes o más.
- **Mercado de Valores.** Todo se trata de oferta y demanda. La dinámica de la oferta y la demanda en un mercado de valores es la misma a la de un mercado físico. Si hay más compradores tratando de comprar un servicio, el precio subirá. Si hay más vendedores tratando de vender un producto el precio bajará.
- **OCO (Order Cancels the Other).** Es una orden automatizada que programas en tu plataforma de trading para cobrar ganancia y frenar la pérdida de tus posiciones de opciones al mismo tiempo. Una cancela la otra.

- **Opción.** Es un contrato de compra o venta de un activo o acción el cual otorga el derecho al comprador de la opción de comprar o vender el activo a cierto precio en un tiempo pactado previamente.
- **Open Interest.** En la cadena de opciones, nos indica el numero de contratos interesados en negociarse.
- **P/L Day.** Es la pérdida o ganancia de nuestra posición del día.
- **P/L Open.** Es la pérdida o ganancia desde nuestra posición desde el momento que la adquirimos.
- **Posición.** Cada vez que se compra o vende un activo o una opción y se mantiene la operación abierta, se está en una posición. Ejemplo: Si compramos 100 acciones de Visa (V) y vendemos 50, se dice que salimos del 50% de nuestra posición o si por ejemplo compramos un contrato de call de AMD, se dice que tenemos una posición de la misma. Hay posiciones a corto, mediano y largo plazo.
- **Post Market.** Es el período de actividad de negociación que ocurre después del cierre de la Bolsa de Valores. El cual tiene lugar entre las 4:00 y 8:00 pm
- **Pre Market.** Es el período de actividad de negociación que ocurre antes de la apertura del mercado de la Bolsa de Valores. Suele tener lugar entre las 8:00 a 9:30 de la mañana.
- **Precio de Ejercicio (Strike).** El precio al que el contrato de una opción otorga al titular el derecho de comprar o vender el subyacente.
- **Prima.** La cantidad de dinero que cuesta una opción o la cantidad de dinero que recibes al cobrar (al vender una opción). Las primas se cotizan en decimales porque los contratos de opciones representan 100 acciones. Por ejemplo, si una prima se cotiza en $.10 significa que el precio a pagar/recibir es $0.10 x 100 = $10
- **Profit Taker o Limit Order (Venta Límite).** Es una orden de compra o venta que nos permite escoger el precio al cual deseamos comprar o vender tanto acciones como opciones. A diferencia de comprar al "market" el cual tenemos que enviar al momento que queremos ejecutar, el profit taker u orden limite nos permite programar la plataforma para que de manera automática se origine la compra o venta de opciones o acciones al precio especificado.
- **Rolling Order.** Es una renovación de contrato existente. Es una forma de limitar el riesgo, extiendes la fecha de expiración, haciendo una compra y venta en la misma orden. Tomando como crédito el restante del valor de la prima del viejo contrato para aplicarla en el nuevo y pagar solo la diferencia.
- **Scalping Trading.** Operaciones que duran de segundos a minutos.
- **Stop Loss.** Una orden automatizada que programas en tu plataforma de trading para frenar/limitar una posible pérdida de tus operaciones o inversiones.
- **Swing Trading.** Es la operativa de trading a un plazo temporal mayor al de un día.

- **Tendencia.** Es un movimiento, en una dirección ascendente o descendente predominantemente. Las tendencias son patrones de movimientos en las cuales el mercado se mueve en una dirección particular en un intervalo de tiempo. Se llama tendencia principal a la que corresponde a largo plazo, intermedia para los plazos medianos, e inmediata para la corta duración. Están formadas por subidas y bajadas (corridas y retrocesos, puntos máximos y puntos mínimos).
- **Time Decay.** Proceso por el cual el valor extrínseco (valor temporal) se reduce en función del tiempo que le queda a la opción.
- **Titular.** El comprador o propietario de una opción.
- Trading. Es el acto de negociar y/o especular en los mercados financieros con el propósito de generar rentabilidades en el tiempo.
- **Venta de Opciones.** La obligación de comprar o vender el subyacente a un precio específico en una fecha específica. Por ejemplo, con la estrategia "covered call" nos obligan a vender las acciones al precio del "Strike" especificado en el contrato. El vendedor debe tener 100 acciones mínimo o el dinero que las cubra.
- **Volatilidad Implícita (IV).** Representa la perspectiva de los inversores, cuando la incertidumbre en los mercados es alta debido a temas macro o políticos, la volatilidad implícita es más alta. Del mismo modo cuando la incertidumbre es baja, la volatilidad implícita también. No existe ninguna garantía de que esto en el mercado se convierta en realidad.
- **Volumen.** El número de operaciones de compras y ventas en el período de tiempo de 1 día.

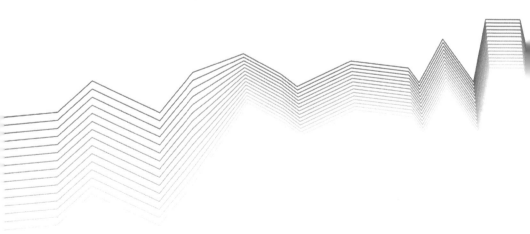

ACTIVO SUBYACENTE

Comencemos aprendiendo qué son los activos subyacentes y qué les otorga valor. Se le denomina Activo Subyacente a todo aquel activo financiero con el cual se puede negociar, por ejemplo: acciones, índices, bonos, commodities, los cuales podemos adquirir y vender de manera directa (como una acción de Apple) o utilizarlos como objeto para negociar contratos (en la compra y venta de opciones).

En un ejemplo simple; frutas sería el activo y las manzanas, uvas y peras son los nombres que las identifica. La diferencia de los activos financieros es que estos no son algo físico y los contratos vendrían a ser otra opción que tenemos para negociar con las frutas ya sea de manera directa o indirectamente, quiero decir que los contratos nos permiten generar dinero teniendo o no las frutas.

En el caso de las acciones, estas son partes iguales en las que se divide un capital de una compañía, estas partes pueden ser compradas por cualquier persona que de esa manera se convierten en accionistas.

¿Por qué los activos subyacentes suben y bajan?

Como ya vimos antes, la bolsa de valores es la que permite a sus clientes hacer todo tipo de negociaciones. Parte de esos clientes son grandes corporaciones que mueven billones de dólares mediante la compra y venta de cualquier instrumento de inversión.

Cuando las corporaciones colocan una alta cantidad de dinero en cierto activo este aumenta de valor y al vender baja. Así es como nosotros podemos beneficiarnos de esas subidas del mercado, comprando barato y vendiendo caro, así como ellos lo hacen.

Una cosa que tienes que saber antes de invertir tu dinero aparte de analizar fundamentalmente en el caso de las empresas (eso lo aprenderemos más adelante), es que los activos subyacentes suelen tener movimientos hacia el alza como a la baja, ya que cuando estos inversionistas colocan su dinero, lo hacen de poco a poco y a su vez también van vendiendo, aunque siempre manteniendo una tendencia hacia arriba, es decir que es más común ver compras que ventas.

Como podemos ver en la gráfica, aunque el movimiento de la acción de Apple es hacia arriba, siempre hay pequeños bajones, que a veces pondrán en números rojos nuestras acciones, pero eso no quiere decir que hayamos perdido nuestro dinero, si somos pacientes y esperamos, tendremos buenos resultados.

Tú puedes comprar la cantidad de acciones que desees, así como vender en el momento que creas preciso.

En los siguientes capítulos aprenderemos un poco más a cómo analizar una empresa y te contaré como piensan los grandes inversionistas para que tú también apliques esos consejos.

Como ya vimos, los activos son bienes financieros que podemos comprar y vender directamente, hecho por el cual nos convertimos en inversionistas o utilizarlos como base para generar ganancias mediante las opciones.

¿Qué quiero decir con esto?

Las opciones son contratos financieros, los cuales nos permiten utilizar cualquier clase de activo como instrumento de negociación para ganar dinero en la bolsa de valores. Al ser un operador de opciones, te conviertes en un trader.

Existen 4 diferentes maneras de negociar con opciones.

Compra y Venta de: CALL
Compra y Venta de: PUT

En el mundo de las opciones, **CALLS** siempre se refieren al alza, mientras que **PUT** a la baja.

Tomando en cuenta que podemos utilizar los contratos como medio para negociar ya sea para comprar o vender activos, podemos deducir que los contratos de CALLS nos permiten vender algo que ya tenemos a un mayor precio de lo que lo adquirimos o pactar un cierto precio de compra en anticipación a la subida del activo.

En el caso de la venta de PUTS nos permiten pactar una opción de comprar activos a un precio más económico.

La compra de opciones es la única estrategia que nos da la posibilidad de ganar dinero con acciones mientras suben o bajan de precio. Es decir, la compra nos da la facilidad de pagar por especular el movimiento de las acciones.

En el caso de la venta de opciones es la única estrategia que nos da la posibilidad de negociar activos mientras obtenemos un pago por adquirir las obligaciones del contrato.

Pongamos de nuevo el ejemplo de las frutas como activos o bienes, en este caso usaremos como ejemplo **100 manzanas.**

En el caso de la opción de VENTA DE CALL, esta nos da la oportunidad de recibir una prima a cambio del compromiso de poner a la venta en el mercado nuestro producto a un precio mayor al que las compramos y respetar la oferta durante un cierto periodo de tiempo. Al cumplirse ese periodo y en el caso de que nuestras manzanas no lleguen a valorizarse al precio que deseábamos, nos liberamos del compromiso para poder negociar con nuestras manzanas de nuevo.

En el caso de la opción de la **VENTA DE PUT**, esta nos permite poder peticionar la compra de las manzanas a un precio mejor que el actual. Para esto nos vamos a comprometer durante un período de tiempo en específico a no tocar el dinero que cubra esas manzanas y recibiremos a cambio una prima como garantía a nuestra lealtad. Si al finalizar el tiempo acordado, las manzanas nunca alcanzan el valor en el que nos comprometimos a comprarlas, simplemente no tenemos que hacerlo y el dinero que teníamos reservado para comprarlas se libera.

En el caso de la compra de CALLS y PUTS, pasa todo lo contrario, ahora en vez de recibir una prima, tenemos que pagar una prima, como el mismo nombre de la opción nos dice COMPRA. ¿Y qué compramos? Compramos el beneficio que el movimiento de precio de las manzanas le dará a nuestro contrato, ya que recordemos que las opciones son contratos que nos permiten usar cualquier clase de bien como forma de generar dinero sin la necesidad de poseer acciones.

De una manera fácil de entender, en el caso de la compra de opciones me gusta pensar que son como un "**ticket**" que pagamos para especular el precio, en este caso sería de las manzanas. Y de esa manera nuestro "**ticket**" tomará valor, siempre y cuando el precio de las manzanas se mueva en favor a lo que pensamos.

ACCIONES E ÍNDICES: EN QUÉ INVERTIR

Creo que a todos nos queda claro que comprar una acción simplemente es tener una pequeña parte de una empresa que cotiza en la Bolsa. El hecho de ser "pública" significa que está disponible para invertir y que sus documentos e información son públicos, lo cual es buena noticia para nosotros porque nunca vamos a invertir a ciegas, sin estar informados de cómo le está yendo a esa empresa que nos interesa.

En los tiempos antiguos, tenías que ser millonario para invertir en una empresa. El día de hoy, puedes invertir con lo que tengas- dependiendo del precio de la acción. Hay acciones súper económicas y otras caras, pero en el mercado de valores tú puedes escoger y tienes una infinidad de opciones y precios.

Para tener una idea de cuales empresas comprar o cuales son las mejores o digamos "**LAS TOP**" de la Bolsa, simplemente puedes buscar en Google "**DOW 30 stocks**" y te saldrá la lista de las 30 empresas más fuertes. Esa lista se actualiza cada cierto tiempo.

Antes de explicarte que es el DOW, repasemos las definiciones de índices y ETFs en tu glosario:

Índice: Representa un conjunto de varios activos financieros que lo componen (acciones, bonos, divisas, etc.)

ETF: Significa Exchange-Traded Funds (fondo de inversión cotizado) su objetivo principal es emular o replicar el valor de un índice en particular, se cotizan en bolsa como una acción.

Entonces, ¿Qué es el DOW?

El DOW Jones Industrial Average (DJIA) es uno de los índices más antiguos, conocidos y utilizados en el mundo. Incluye las acciones de 30 de las compañías más grandes e influyentes en los Estados Unidos, las cuales ofrecen los mejores dividendos.

Otros índices importantes:

* **Standard & Poor 500** - También conocido como el SP&500. Se consigue en las páginas de estudio bajo las letras (SPX). Puedes poner en Google "SPX" y te saldrá el valor del índice el día de hoy. Este contiene las 500 empresas con más capitalización. Este índice captura el 80% de toda la capitalización del mercado en Estados Unidos.

* **Nasdaq 100 (QQQ)** - En este índice conseguiremos las 100 empresas más importantes del sector de la industria de tecnología. Apple es uno de sus principales activos. Cuando sigas este fondo puedes empezar a participar en una cuenta que negocia con acciones como Microsoft, Amazon y Google.

* **Russell 2000 (IWM)** - En este índice conseguiremos 2000 empresas que tienen una capitalización más pequeña, las cuales se consideran como el motor del crecimiento del empleo.

Te puedes pasar el día viendo las listas de estas empresas y escogiendo tus favoritas. Algo que hacemos en la comunidad de Latino Wall Street es compartir en cuáles invertimos nosotros.

Por último, a los inversionistas, les gusta mirar el mercado de bonos para cubrir su riesgo.

TLT

Bonos de tesoro 20+ años (ETF), esta es una de las opciones más populares para los inversionistas que buscan establecer una exposición a bonos de tesoro a largo plazo, con fechas de vencimiento dentro de 20 años o más. Son instrumentos que aportan seguridad, poco rendimiento, pero con estabilidad.

Generalmente, el mercado de bonos no se mueve con el mercado de valores. Esto se debe al hecho de que cuando las corporaciones aumentan sus beneficios y la economía se expande, la inflación tiende a aumentar... a su vez, hace que los precios de los bonos caigan.

Se cree que TLT es un refugio seguro. En otras palabras, si en el mercado o el mundo financiero hay incertidumbre o alto riesgo, el dinero inteligente buscará comprar bonos y oro. Hay una razón viable para esta desconexión: el dinero inteligente se está protegiendo con bonos.

En situaciones de inestabilidad, los inversores no solo sacan dinero de los fondos cotizados (ETF) de acciones, sino que usan ese dinero para ponerse a la defensiva y comprar ETFs de baja volatilidad. Esto puede indicar que es hora de empezar a buscar opciones de compra de **TLT.**

ANALISIS FUNDAMENTAL

El análisis fundamental establece el valor teórico de la acción de una compañía y anticipa cuál será su futuro comportamiento en el mercado de valores. Se realizan con el objetivo de valorar con mayor precisión los riesgos y oportunidades existentes al ejecutar una inversión.

Basado en la información económica- financiera de una empresa, entre ellas:

- Sector industrial al que pertenece la Empresa
- Ingresos financieros
- Capitalización de la Empresa

- Valor de la Empresa/Deuda
- Beneficios Por Acción (BPA)
- P/E ratio
- Flujo de Caja

¿Qué analizar cuando queremos invertir en una acción de mediano a largo plazo?

- Visita la página web de la compañía que quieres analizar.
- Identifica la industria a la que pertenece la acción y cuáles son sus planes a futuro.
- Revisar sus últimos ingresos financieros tanto trimestrales como anuales, te sugiero basarte en los 3 últimos años.

Capitalización de la Empresa: Consiste en tomar parte de las ganancias para incrementar el capital propio, cuanto mayor sea su capitalización y mayor sea la frecuencia de la misma, más rápido crecerá la empresa.

Valor Teórico: Es el valor que se obtiene de los balances de una empresa (valor de la compañía, deuda etc.) Si el valor teórico de la acción de la compañía es mayor que su precio en el mercado, la empresa se considera infravalorada y se recomendaría la compra, ya que se esperaría que ambos valores se acerquen en un determinado tiempo. Por el contrario, si se encontrara un valor inferior del mercado, se considera que está sobrevalorada y se recomendaría la venta.

Beneficio por Acción (BPA): Ganancias netas/Número de acciones circulantes.

Ganancias Netas: Toda empresa que cotiza en la bolsa está obligada a hacer públicos sus estados financieros a todos sus accionistas y en ese reporte están las ganancias netas que se obtuvieron en un periodo de tiempo (ejemplo: trimestral, anual).

El beneficio por acción viene siendo la ganancia neta entre el número promedio de acciones de dicha compañía. Es decir, cuánto de lo obtenido por la empresa, como resultado de su actividad, correspondería a cada acción.

Price Earnings Ratio (PER): (promedio del resultado de los reportes de ingresos)

El PER en esencia indica la cantidad de dólares que un inversionista puede esperar invertir en una compañía para recibir un dólar de esa compañía. Esta es la razón por la que PER también se conoce como el precio múltiple porque muestra cuánto están dispuestos a pagar los inversores por cada dólar de ganancias. El nivel promedio del PER en la bolsa es de 15x.

- Empresas grandes cotizan a un PER aproximado de 25x
- Empresas medianas cotizan a un PER aproximado de 15x
- Empresas pequeñas cotizan a un PER aproximado de 8x

No te preocupes si te es difícil entender todos estos términos, ya que más adelante te enseñaré donde encontrar los resultados.

∧ ∧	Pasos para hacer tu propio Análisis Fundamental de una Empresa	∧ ∧

- El primero paso es localizar la página web oficial de la compañía que queremos analizar.

- El segundo paso es investigar un poco acerca de esa compañía, la industria a la que pertenece, en que están trabajando actualmente y cuál es su innovación hacia el futuro.

- En este caso tomaremos como ejemplo a Intel, una compañía de tecnología y semiconductores.

- **Dentro de la página web**, localizamos el área de finanzas y buscamos los reportes financieros de la empresa.

- Ahora verifiquemos que la compañía haya reportado progresivamente, por lo menos durante los últimos tres años. Eso nos asegura que esa compañía ha ido en crecimiento. Otro dato es la inversión que la compañía ha hecho en su desarrollo e investigación (research and development) esto nos confirma que la compañía tiene deseos de crecer.

CONSOLIDATED STATEMENTS OF INCOME

Years Ended (In Millions, Except Per Share Amounts)	Dec 28, 2019	Dec 29, 2018	Dec 30, 2017
Net revenue	$ 71,965	$ 70,848	$ 62,761
Cost of sales	29,825	27,111	23,663
Gross margin	42,140	43,737	39,098
Research and development	13,362	13,543	13,035
Marketing, general and administrative	6,150	6,750	7,452
Restructuring and other charges	393	(72)	384
Amortization of acquisition-related intangibles	200	200	177
Operating expenses	20,105	20,421	21,048
Operating income	22,035	23,316	18,050
Gains (losses) on equity investments, net	1,539	(125)	2,651
Interest and other, net	484	126	(349)
Income before taxes	24,058	23,317	20,352
Provision for taxes	3,010	2,264	10,751
Net income	$ 21,048	$ 21,053	$ 9,601
Earnings per share—Basic	$ 4.77	$ 4.57	$ 2.04
Earnings per share—Diluted	$ 4.71	$ 4.48	$ 1.99
Weighted average shares of common stock outstanding:			
Basic	4,417	4,611	4,701
Diluted	4,473	4,701	4,835

See accompanying notes.

Luego de estar seguros de que efectivamente la compañía que elegimos cumple con los requisitos de crecimiento, iremos a buscar los datos de los que hablamos al principio de esta sección, una de las páginas que nos proporcionan esta información es Market Screener. Dentro de esta página colocamos el nombre de la empresa y después nos dirigimos al área financiera (financials).

¿Qué vamos a verificar?

- **La capitalización de la empresa:** mayor capitalización, mayor crecimiento de la empresa.

- **El PER (P/E ratio).** Recuerdan el PER es el precio por acción entre el beneficio por acción.

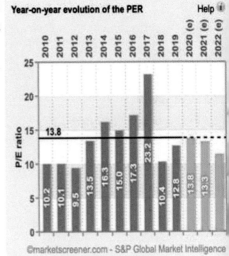

Al igual que con los reportes de ingresos, seria óptimo que estos datos muestren un crecimiento año con año. Aunque a veces podemos encontrar un retroceso, es importante ver que al siguiente año la compañía haya retomado ese impulso hacia arriba.

Fiscal Period: December	2017	2018	2019	2020	2021	2022
Capitalization [1]	216 310	213 367	261 348	263 588	-	-
Enterprise Value (EV) [1]	229 121	228 076	277 226	278 673	278 515	284 465
P/E ratio	23,2x	10,4x	12,8x	13,8x	13,3x	11,6x
Yield	2,39%	2,60%	2,20%	2,15%	2,24%	2,31%
Capitalization / Revenue	3,45x	3,01x	3,63x	3,58x	3,56x	3,37x

Esta gráfica nos muestra el nivel promedio del PER con los años. En el PER es normal ver bajadas y subidas, ya que se basa en el precio de la acción el cual como ya sabemos varía segundo a segundo.

Otro dato importante que debemos de tomar en cuenta a la hora de comprar acciones es si esta compañía ofrece dividendos a sus inversionistas, aunque este dato no es crítico a la hora de escoger las compañías para invertir, tiene mucha más lógica escoger compañías que nos puedan generar ganancias extras mientras las mantenemos. Para eso podemos verificar en el Área de Yield el porcentaje de dividendos que esa compañía otorga o también en el área

Annual Income Statement Data						
Yield				2,39%	2,60%	2,20%
Fiscal Period: December	2017	2018	2019	2020	2021	2022
Net sales [1]	62 761	70 848	71 965	73 702	74 131	78 171
EBITDA [1]	26 065	32 329	33 254	33 309	33 459	37 044
Operating profit (EBIT) [1]	19 577	24 549	23 752	24 236	23 713	25 761
Operating Margin	31,2%	34,7%	33,0%	32,9%	32,0%	33,0%
Pre-Tax Profit (EBT) [1]	20 352	23 317	24 058	22 442	22 725	25 063
Net income [1]	9 601	21 053	21 048	19 357	19 713	21 481
Net margin	15,3%	29,7%	29,2%	26,3%	26,6%	27,5%
EPS [2]	1,99	4,48	4,71	4,50	4,67	5,39
Dividend per Share [2]	1,11	1,22	1,32	1,34	1,40	1,44
Last update	01/25/2018	01/24/2019	01/23/2020	05/05/2020	05/05/2020	04/27/2020

[1] USD in Million [2] USD   Estimates

de dividend per share, donde nos muestra la cantidad en dólares por acción que recibirás.

Esta información también podemos encontrarla en **Yahoo Finance**.

Ya sabemos cómo analizar una empresa mediante sus finanzas y así saber la posible rentabilidad que pueda ofrecernos como inversores.

Pero ahora vámonos al lado técnico y empezaremos por conocer las partes de una gráfica y así poder ver el movimiento del precio de los activos mediante las velas japonesas, a este estudio se le conoce como Análisis Técnico.

¿QUÉ ES UNA GRÁFICA?

Los gráficos de acciones nos muestran el cambio del precio del activo subyacente a lo largo del tiempo. Así es que empezaremos por conocer sus partes.

- **Activo Subyacente:** Acción, índice o ETF. Ejemplo: SPY
- **Precio del Activo:** Se representa en el gráfico.
- **Temporalidad:** Refleja el recorrido del activo en el tiempo. Ejemplo: 1año (1Y), 1 mes (1M) 5 días (5D). La temporalidad es ajustable.
- **Velas Japonesas:** Son elementos verticales presentes en todos los gráficos. Describen el movimiento del precio durante un período de tiempo determinado. Ejemplo: 1 mes (1M), 1 semana/week (1Wk), 1 día (1D), 30 minutos (30m). La temporalidad de la vela es ajustable a cualquier tiempo.
- **Volumen:** El número de operaciones de compra y venta en el periodo de 1 día.

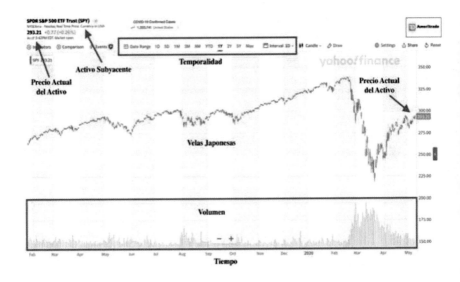

LAS VELAS JAPONESAS

Si bien las Velas Japonesas no son la única manera de graficar el movimiento del precio, si son las más populares y fáciles de entender. Se llaman Velas Japonesas por que fueron usadas por los japoneses inicialmente en el mercado de arroz en el siglo XVIII. Aunque los japoneses han utilizado esta técnica de gráficos y análisis desde hace siglos, en el mundo occidental se han hecho conocidas hasta la década de los 90 desde que Steve Nison las introdujo.

Partes de una Vela

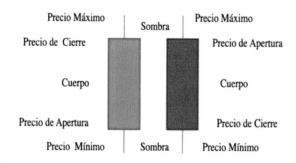

Vela Alcista (Toro)   Vela Bajista (Oso)

Recordemos que las velas describen el movimiento del precio en un período de tiempo determinado, todo dependiendo de la temporalidad que escojamos en el gráfico.

Sombra - La línea vertical que cruza el cuerpo de la vela, nos indica el valor máximo y mínimo que ha alcanzado el precio en este periodo de tiempo.

Cuerpo - Representa todas las transacciones que se efectuaron durante ese periodo de tiempo, tanto compras como ventas. Lo que al final dicta el color de la vela es su precio de apertura y cierre. La vela nueva aparece exactamente desde el punto que cerró la anterior.

En el mercado de valores al igual que en cualquier otro mercado, todo depende de la oferta y la demanda: **Compra y Venta**, el desequilibrio en ambas, hacen que el precio se mueva. Digamos que estas observando la gráfica en temporalidad de velas de 1 hora, comienza a nacer una vela alcista, recuerda que sea alcista no quiere decir que sean solo compras, sino que, en ese periodo de tiempo, hubo más compradores que vendedores.

En la siguiente hora nace otra vela alcista ya que más compradores entran al juego y eso hace que el precio suba. Pero como en todo mercado **¿Qué pasa cuando algo que se valorizaba en $100 y ahora cuesta $200?** Exacto...ya nadie quiere comprarlo y al perder atractivo la "oferta", ya no hay más "demanda". Los compradores pierden fuerza y comienzan los vendedores a ejercer su derecho. Y así esto permite que el precio se vuelva a cotizar en una cifra razonable y que llame el interés de los compradores nuevamente.

CAPÍTULO 3

Gestión de riesgo

GESTIÓN DE RIESGO

Una de las emociones más presentes en el sector de las inversiones y el trading es el miedo. Que es un "software" biológico y natural que todos tenemos en la mente. El miedo ha sido, desde hace más de setenta mil años, una guía en las acciones de los seres humanos.

Gracias al miedo, la humanidad inventó el fuego, las armas, las casas, la seguridad y las leyes. Y, además, nos sirvió para defendernos de las fieras cuando vivíamos en las cavernas. El problema se presenta, cuando el miedo es excesivo o cuando se activa y nubla nuestro razonamiento en situaciones imaginarias. Sin un peligro real y presente.

Al momento de invertir nuestro dinero podemos sentir miedo a perderlo. Es natural. Te costó mucho esfuerzo y tiempo reunir una cantidad de dólares. Y obviamente no lo quieres perder. ¿Cómo lidiar con el miedo y su expresión más suave, que hoy llamamos ansiedad?

Como te dije en los capítulos anteriores, el instrumento más poderoso que tienes es tu mente. Con ella, equilibrada, analítica, profunda y ecuánime, puedes ganar fortunas. O perderlo todo en cinco minutos si tomas una decisión condicionada por el miedo o la codicia.

Entonces, para enfrentar el miedo a perder dinero tienes tu mente, que debe estar serenada, enfocada y concentrada. Haciendo análisis precisos y guiándote por razonamientos lógicos, no por fantasías de ganancias extraordinarias o pérdidas catastróficas.

Tu mente profunda y serena es tu mejor garantía.

Pero existen otros mecanismos para proteger tu dinero al momento de invertir. Primero está el ponerte límites. Es común el consejo de establecer montos o porcentajes máximos de inversión por día y operación. Hazlo. Es muy bueno.

Al momento de invertir debes hacerlo con un porcentaje que estés dispuesto a perder sin que signifique un riesgo para tu vida. Por ejemplo, invertir un dos o cinco por ciento de la cantidad que tienes disponible en el día. Pequeños trades, pequeñas victorias. Que sumadas y sostenidas en el tiempo, te van dando buenos resultados.

Olvídate de las películas que has visto. Nadie se hace rico en una sola operación. Al menos no de forma sostenible en el tiempo. "Easy comes, easy goes" (fácil viene, fácil se va) dicen los norteamericanos.

Entonces, administras el riesgo limitando los montos de inversión. Por ejemplo, no invertir más del veinte por ciento de tu capital total. Y no hacer operaciones con montos mayores al dos o cinco por ciento del total que tengas para invertir (sería el 5% de esa cantidad que reservaste para inversiones).

Las plataformas de inversión que te ofrecen los brókeres digitales también tienen mecanismos para protegerte de pérdidas. Son algoritmos o comandos que tú programas para establecer cuánto es el monto máximo que puedes perder. O también, cuánto es lo mínimo que puede bajar una operación.

Lo conocemos como "Stop Loss" que significa "parar pérdidas". Con esto el movimiento se paraliza automáticamente al llegar a un monto límite. Sin que tú tengas que estar todo el día frente a la pantalla.

Sabemos que la bolsa de valores es una organización en Wall Street que permite que sus clientes hagan negociaciones de compra y venta. Para ser sus clientes y participar de estas operaciones, solo necesitamos abrir una cuenta de trading para poder acceder al mundo de la bolsa.

Las plataformas de trading que recomiendo son Interactive Brokers o TD Ameritrade y su plataforma avanzada Thinkorswim. Pero mucho cuidado, no inviertas antes de aprender bien lo que estás haciendo. Reitero que la educación es el primer paso y lo más importante.

Estos brókeres que te recomendé ofrecen plataformas de entrenamiento o Paper Money (dinero de papel), con lo cual puedes empezar a practicar con una cuenta ficticia hasta que te sientas listo para pasar a la cuenta real.

Uno puede invertir en dos modalidades que son las más comunes:

* Comprando acciones o índices (generalmente para largo plazo)
* Haciendo contratos de "opciones" para generar ganancias a corto plazo.

Comencemos aprendiendo el juego. Esto es lo más importante, comprender y luego actuar.

Muchos traders novatos no saben cuántos contratos de opciones quieren comprar, entonces cometen el error de comprar muchos a la vez.

Si piensas operar con varios contratos, lo mejor es empezar poco a poco e ir agregando más a tu posición, siempre y cuando vayas viendo resultados. Por ejemplo, si deseas negociar 10 contratos de compra de opciones, disminuye tus posiciones, puedes empezar con 5 contratos y después otros más, en vez de todos a la misma vez.

Otra cosa muy importante es el "**Stop Loss**" que te ayuda a manejar TU riesgo en las inversiones y proteger tu dinero ante caídas o pérdidas grandes. Pongo "TU" en mayúscula porque esto es muy personal, para algunos arriesgar el 30% del capital en operaciones riesgosas es nada, para otros muchísimo. Por lógica, todo depende de cuánto inviertes, y tu "**Stop Loss**" dependerá del porcentaje que te sientes cómodo en arriesgar.

Repasemos que es un "Stop Loss"

Es simplemente una orden automatizada que programas en tu plataforma de trading, sirve tanto para tus operaciones con opciones como para acciones. La meta del "Stop Loss" es detener pérdidas o limitarlas.

Por ejemplo, si invierto $200 puedo programar mi Stop Loss a un 20% (o el porcentaje que te sientas cómoda arriesgando) para que de esa manera puedas dormir en paz sabiendo que, si tu operación/inversión se va al revés bajando de valor, entonces el "Stop Loss" se encargará de FRENAR tu pérdida.

Ejemplo: Si mi inversión de $200 baja un 20% (unos $40 dólares) entonces automáticamente el "Stop Loss" se activará y me regresará el resto de mi dinero: $160.

Por supuesto, nadie quiere perder en la bolsa y todos queremos ganar. Pero el **Stop Loss** es un "por si acaso" tu operación sale al revés o hay un imprevisto o sorpresa.

El Stop Loss no es obligatorio, pero es ultra importante para manejar tu riesgo.

Cabe resaltar, que el **Stop Loss** es más que todo usado en operaciones de trading riesgosas y avanzadas como compras de opciones, las cuales aprenderás en este libro. Aunque también aprenderás las operaciones conservadoras y básicas.

El **Stop Loss** es como la red de los malabaristas. O el paracaídas. Es un dispositivo maravilloso, que protege tu dinero y te permite dormir tranquilo si mantienes una posición en la noche.

Este libro está escrito para todos los niveles de conocimiento así que aquí hay algo para todos. Si estas comenzando, aprenderás con manzanas con nuestros ejemplos divertidos acerca de las diferentes estrategias de trading. Si eres una persona con conocimientos avanzados, podrás repasar el material y obtener consejos ultra efectivos para mejorar tu rendimiento.

CAPÍTULO 4

Observar movimientos: Comprender las tendencias del mercado

Mirar con atención, saber detectar los movimientos al alza o la baja y saber actuar a tiempo, es la máxima habilidad de un trader capaz y un buen profesional.

Los mercados se exceden al alza, y cuando caen, generalmente caen demasiado rápido a la baja.

Los inversionistas a veces acumulan acciones por mucho tiempo durante un mercado alcista, creyendo que continuará así por otra década. Por eso es importante siempre asegurar ganancias, a menos que tu visión sea 100% a largo plazo.

Por otro lado, cuando el mercado está haciendo correcciones... el pánico consume a los traders. Tienden a vender acciones tal vez muy por debajo del valor real.

Esto es lo que se conoce como la "**mentalidad de las masas**".

No podrás obtener grandes ganancias si siempre haces lo que dice la "manada". En lugar de eso, ganarás dinero con ellos y lo perderás con ellos también. Más aún, siempre estarás un paso atrás, porque esperarás que los demás hagan sus movimientos para seguirlos. Con eso en mente, tiene sentido aprender cuándo ir en contra de la "**manada**".

COMPRENDER LAS TENDENCIAS.

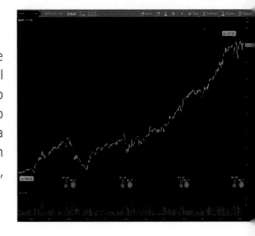

Tendencia Alcista TORO - Precio que va de abajo hacia arriba. El precio alcista es el que viene por expectativa y euforia, pero esas emociones van invitando gente y no debemos entrar o caer en el tope de la euforia porque luego viene, con seguridad, una tendencia a la baja, conocida como "bajista".

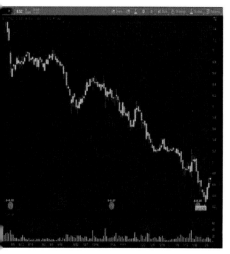

Tendencia Bajista OSO - Precio que es superior al inicio pero que termina por debajo. Es la tendencia contraria al mercado alcista, en la que los precios encuentran nuevos mínimos. Para los financieros "el oso" representa la incertidumbre. Aunque esta situación no es necesariamente mala. Warren Buffet dice "Cuando todo el mundo es ambicioso, se precavido. Y cuando todo el mundo es precavido se ambicioso."

Tendencia Lateral o Consolidada - Es aquella que muestra indecisión en el mercado. Cuando las fuerzas de la oferta y la demanda son casi iguales. A menudo ocurre que después de un periodo de consolidación, la tendencia anterior continúe o se invierta en una nueva tendencia.

La próxima vez que hagas trading ten en cuenta las condiciones del mercado.

¿El mercado está intranquilo y no puede encontrar una dirección o su tendencia es claramente alcista o bajista?

Esto te permitirá saber cuándo ser agresivo y cuándo mantenerte al margen.

Cuando los líderes del mercado están en un mercado alcista, el mercado tiende a subir más alto y a permanecer en esa tendencia. Sin embargo, cuando cambian de rumbo, hasta las mejores acciones tienden a caer.

Por ejemplo, a Apple (AAPL) le tomó casi un año pasar de los $140 a los $230. Sin embargo, cuando las acciones comenzaron a venderse, le tomó poco más de 2 meses para caer de sus valores máximos hasta el área de los $145.

Los inversionistas, generalmente consideran que las acciones están en territorio de mercado bajista cuando caen sostenidamente a más del 20% en un período de 2 meses.

El Barón Rothschild dijo una vez: **"Compre cuando haya sangre en las calles."**

Los mejores inversores del mundo suelen ir en contra de esta mentalidad. Dicho esto, cuando el mercado está en un territorio bajista y hay un pesimismo extremo, tal vez sea tiempo de buscar compras selectivas.

Pero, ¿Cómo saber cuándo comprar?

Warren Buffet, un experto multimillonario y exitoso, ha sido citado muy a menudo diciendo: "Sea codicioso cuando otros son miedosos."

La mayoría de las personas dirán: "Es Apple, es una gran compañía... ¡Voy a obtenerla por un descuento!"

Sin embargo, esa no es la mentalidad que hay que tener. Por supuesto, la idea de llevar la contraria funciona... pero necesitas indicadores para cronometrar tus entradas.

¿Pero qué pasa si ya estás comprando y quieres permanecer así, pero tienes miedo a la corrección del mercado? Puedes cubrir tu posición.

Como trader, necesitas ser flexible y eso ayuda a no estar siempre al 100% en un solo lado de la operación. La cobertura puede ayudar con eso. Por ejemplo, si tienes muchas acciones de AAPL, puedes comprar una cobertura (un "Seguro" a tus acciones) para beneficiarte si baja su valor.

Recuerda, no importa la cuenta de nadie más, excepto la tuya. Mantén tu atención en el camino que tienes por delante. Nunca debes comparar tus posiciones con cualquier otra persona. Mantente en tu propio carril y concéntrate en crear tu propia cuenta y configuraciones que se ajusten a tu personalidad.

Los grandes traders utilizan **stop loss**, registros de tiempos y van agregando a sus posiciones, conocen las condiciones actuales del mercado y saben cuándo ponerse agresivos, manejan el riesgo de sus posiciones y van en contra de "la manada."

Además, cuando estás negociando opciones, hay un equilibrio entre el análisis técnico y fundamental.

**Ahora que hemos terminado
con algunos de mis consejos favoritos de trading...
¡Veamos cómo aplicarlos a las opciones!**

En las siguientes secciones, voy a resumir desde el principio los fundamentos de la negociación de opciones. Asumiré que nunca has hecho nada antes y comenzaremos desde cero.

Aunque ya te sientas cómodo negociando opciones, creo que siempre es bueno repasar muchos de los puntos más delicados para reforzar lo que ya sabes.

CAPÍTULO 5

Conociendo las opciones financieras

¿Qué son las opciones financieras?

Las opciones son contratos que te dan derechos u obligaciones a comprar o vender activos a un precio determinado y a una fecha específica. Aquí nos quedaremos con las opciones sobre acciones porque es el pan de cada día de nuestra comunidad.

En pocas palabras, un contrato de opción de compra o venta es solo una elección sobre si quieres hacer algo o no. Son dos opciones y no es diferente de cualquier otra situación que tengamos en la vida.

Las opciones no son sencillas de entender o manejar. Por eso lo primero que debemos aprender es a leer el mercado y las diferentes situaciones que lo afectan. Ya vimos cuáles son las tendencias predominantes: alcista (toro) o bajista (oso) o bien lateral que es una especie de indecisión de la tendencia.

Necesitamos crear también un sistema que se adopte a nuestro capital para invertir, personalidad y tiempo de operar. Para esto hay que conocer las diferentes estrategias de operativa.

Aprender es la clave, entre más capacitación tengas y mejor entiendas el juego, mejores resultados podremos obtener.

Las opciones son como productos frescos... tienen fecha de vencimiento. Con eso en mente, generalmente tiene sentido comprar con un poco más de tiempo.

Cuando estés seleccionando las fechas de vencimiento en la cadena de opciones, intenta averiguar en qué plazo crees que la acción se moverá hacia el precio que estás pensando que pueda alcanzar (strike) pero midiendo también lo rápido o lento que esa acción se mueve a lo largo de los días (volatilidad). Sabiendo eso, puedes comprar opciones con fecha de vencimiento de por lo menos 3 semanas a partir del momento de tu inversión.

¿Y el tamaño de la posición?

Recuerda que una "posición" es la situación en la que estás cada vez que compras o vendes un activo o una opción y mantienes la operación abierta.

Te recomiendo que tu posición nunca sea demasiado grande en relación con el tamaño de tu cuenta. No tiene sentido arriesgar todo tu dinero en una única operación. Por eso te recomiendo que tu posición máxima sea un 10% de todo tu portafolio, para que puedas dormir en paz; pero esto va a variar obviamente de cuánto capital tienes disponible, y qué tan fuerte eres psicológicamente.

El valor de las opciones es producto de muchos factores como la volatilidad, el volumen, el precio de ejercicio, el tiempo de vencimiento, y el precio de los activos subyacentes (si te perdiste con alguna de estas palabras, por favor regresa al glosario y repasa los términos).

De todos modos, vamos a profundizar en cada una de esas variables que determinan el valor de las opciones.

- **Volatilidad:** Es la que mide la intensidad de los cambios del precio, es el término que mide la trayectoria o fluctuación de los precios de un activo. Si el precio de un activo se mueve mucho se dice que es muy volátil. En el caso del mercado financiero, la forma más común de medir la volatilidad es mediante el índice VIX. Indicador global que se calcula con acciones de Estados Unidos.

Cuando estamos operando en los mercados financieros, uno de los factores más relevantes que deberíamos tener siempre en consideración es la volatilidad, pero cuando hablamos de volatilidad podemos estar refiriéndonos a varios conceptos.

- **Volatilidad Real:** Se refiere a los cambios del precio que se producen durante una sesión diaria. Es decir, es la diferencia que hay entre el precio máximo y el mínimo del día. Si un activo es muy volátil dicha diferencia será grande y en el caso de los activos poco volátiles será reducida.

- **Volatilidad Histórica:** Es la fluctuación del movimiento en el pasado, es usada para compararla con la volatilidad implícita que es el momento presente.

- **Volatilidad Implícita:** Cuando se habla de volatilidad, la mayoría se refiere a este concepto, este tipo de volatilidad es representado por el índice VIX, también conocido, popularmente, como el índice del miedo. Hablaremos un poco más extendido de este tipo de volatilidad más adelante.

Importante: En las operaciones cotidianas no siempre usaremos todos los indicadores y conceptos que estamos conociendo en este libro. Pero es bueno que los comprendas y mantengas en tu mente porque te servirán para interpretar correctamente. Recuerda que con tiempo y práctica todo te será más fácil, así que siempre te recomiendo volver a repasarlos.

- **Volumen:** Es la cantidad de acciones o contratos negociados en un período de tiempo determinado. Este dato nos sirve para la propia liquidez de las opciones con las que vamos a trabajar. Cuanto mayor sea el volumen de negociación de los contratos, mayor liquidez habrá y menor será la "horquilla" (diferencia entre el precio Bid y el Ask), lo cual mejora los rendimientos.

Es habitual que las acciones de grandes empresas o de gran capitalización, sean más negociadas que las empresas más pequeñas o de baja capitalización. Pero realmente lo que nos interesa a la hora de operar en el mercado son los cambios del volumen de una acción ya que eso nos permite interpretar la intención y la fuerza de los Toros o los Osos.

El volumen está representado por las barras en la parte inferior del gráfico.

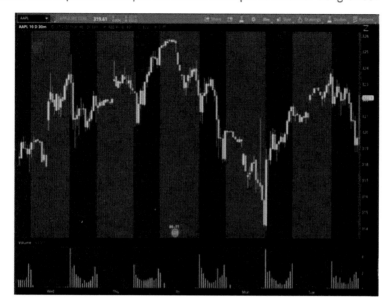

Precio de Ejercicio (Strike) - Es el precio que pensamos puede alcanzar el activo en un futuro y el cual elegimos al momento de comprar o vender un contrato de opciones. El Strike lo podemos encontrar en la cadena de opciones, usualmente en el centro y al lado de la fecha de vencimiento.

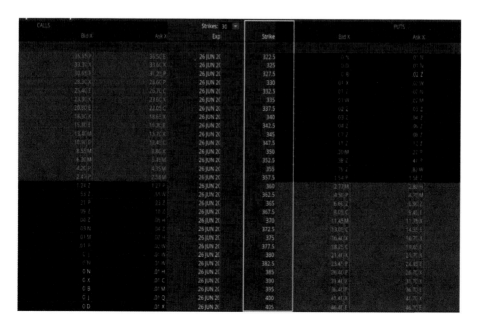

Plazo de Vencimiento:

Todas las opciones tienen una fecha de vencimiento. Pasada la fecha dejan de existir. Las opciones pueden comprarse y venderse libremente hasta su fecha de vencimiento, es decir; no es necesario esperar hasta esa fecha para poder cerrar nuestro contrato.

Eso sí, recuerda que mientras más cercana la fecha de vencimiento, menos margen de maniobra tendrás para hacer operaciones exitosas.

Precio de la Acción o Activo Subyacente: Es el precio al cual se cotiza una acción o activo en el momento preciso, y sabemos que los precios cambian minuto a minuto. Cuando trabajamos con opciones necesitamos el movimiento del precio para que nuestro contrato adquiera valor si es que este se mueve en la dirección que esperamos.

CAPÍTULO 6

Compra y venta de opciones.

COMPRA O VENTA DE OPCIONES

Una opción financiera es un contrato que da, a su comprador o vendedor, derechos u obligaciones, a comprar o vender activos a un precio y fecha determinada.

Prestemos atención a las distintas modalidades de Opciones. Porque, aunque es sencillo, podemos confundirnos si no captamos el concepto.

Existen 4 tipos de opciones financieras:

- Compra de CALL
- Compra de PUT

- Venta de CALL
- Venta de PUT

- En la compra de opciones pagas el valor del contrato (prima) por adquirir el **derecho** a comprar cierto activo a un precio determinado en el strike (precio de ejercicio) en la fecha de vencimiento.

- En la venta de opciones, te pagan una prima por adquirir la **obligación** de comprar y vender activos al precio determinado en el strike en la fecha de vencimiento.

A.1. Opciones de compra CALL: Los compradores de opciones Call tienen el derecho, más no la obligación, a comprar. Es decir, se refiere a la intención de comprar ese activo en el futuro, derecho que se hace disponible siempre y cuando estos lleguen o superen el precio del strike a la fecha de vencimiento.

Por lo tanto, no es necesario contar con el dinero que cubra la totalidad de las acciones, porque, aunque tengamos este derecho, lo normal es que cuando compramos contratos, solo lo hagamos para especular (adivinar) el movimiento del precio del activo, en este caso esperaríamos que fuera hacia el alza y de esa manera generar ganancias sobre el valor de nuestro contrato, sin tener que comprar las acciones.

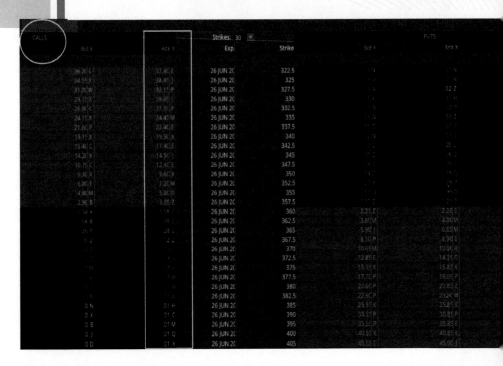

A.2 Opciones de compra PUT: Los compradores de opciones put tienen el derecho, más no la obligación, a vender los activos si dicha acción llega a caer hasta alcanzar o sobrepasar el strike en la fecha de vencimiento.

Al igual que con la compra de call, no tienes que contar con las acciones, tampoco con el dinero que las cubra. Ya que como traders solo utilizaremos esta estrategia como "seguro" ante una caída del mercado o también simplemente para especular el movimiento hacia la baja del activo.

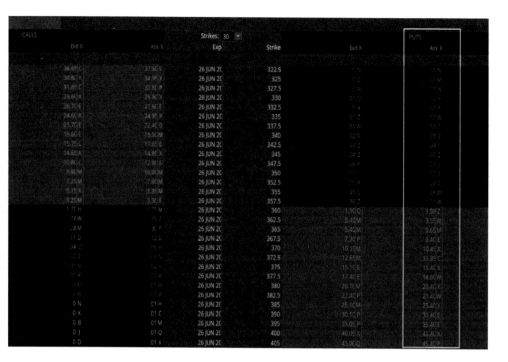

Para comprar tanto contratos calls como contratos puts pagas por el precio del ASK, los calls se encuentran usualmente al lado izquierdo de la cadena de opciones, mientras que los puts al lado derecho.

En las compras ya sea de calls o puts el riesgo de pérdida se limita al valor total o parcial del costo de la prima, pero tu ganancia puede llegar a ser ilimitada.

Recordatorio: aunque la compra de opciones fue creada con la finalidad que el comprador ejerza su derecho, la verdad es que la mayoría de las veces solo se utiliza de manera especulativa, es decir, solo se usa con la intención de comprar y vender contratos para generar dinero con ello y no con la intención de quedarse con las acciones.

En este caso no se espera hasta la fecha de vencimiento para venderlo, solo se espera a que el contrato genere un determinado valor mediante el movimiento del **activo**.

B.1 Opciones de venta CALL: (Covered Call) Para ser un vendedor de call tienes que poseer los activos que pondrás en venta mediante un contrato, recuerda que como mínimo debes tener 100, para vender 1 contrato. Como en toda venta, la finalidad de un covered call es vender nuestras acciones a un precio más alto de lo que las compramos, el cual elegiremos en el strike.

Si para la fecha de vencimiento el precio del activo llega o supera ese precio, el vendedor tiene la obligación de cumplir su contrato y vender a ese precio sus acciones.

Recordemos que **BID** es el precio de oferta de la opción, multiplicado por 100. Es decir, es la prima que te pagan por el contrato y es el que vamos a elegir a la hora de querer abrir un contrato covered call. Los calls se encuentran al lado izquierdo de la cadena de opciones (Option Chain).

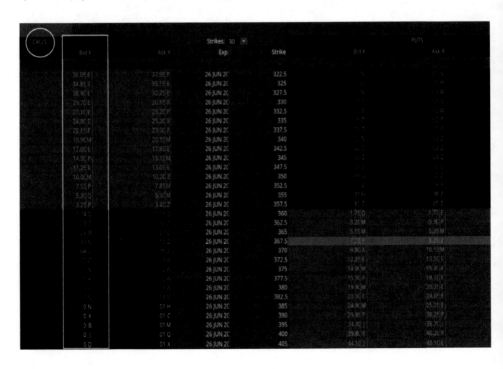

B.2 Opciones de Venta PUT: Los vendedores de opciones put no tienen que contar con las acciones, pero si con el dinero que las cubra (100) es decir debemos tener el total de costo de las acciones al momento de la transacción. Ya que un vendedor de put tiene la obligación de comprar el activo tratado en el contrato si este llega al precio del strike en la fecha de vencimiento. En la venta de PUT te pagan una prima, el cual es el precio del BID multiplicado por 100, porque un contrato son 100 acciones. Los Puts se encuentran al lado derecho de la cadena de opciones.

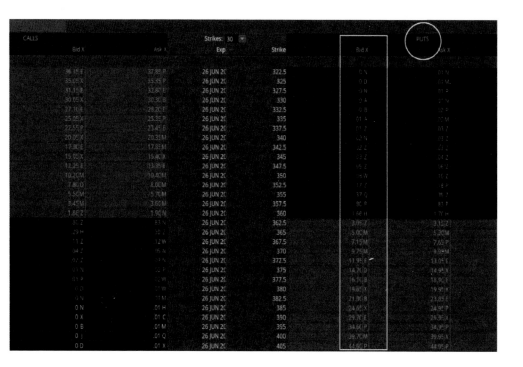

Tanto en la venta de **CALLS** como **PUTS**, al estar bajo un contrato con obligaciones, si deseas terminarlo antes de la fecha de vencimiento, te verás en la necesidad de devolver el monto total o parcial que recibiste como prima.

Aunque el movimiento de las acciones no es lo único que afecta el valor de los contratos, los contratos son afectados (suben y bajan) por ciertas variables identificadas como **"letras griegas"**.

En contexto, la **VENTA Y COMPRA** de opciones, son 2 operaciones con un sentido totalmente diferente que a veces suele confundirse. Entender el concepto y la estrategia es importante.

Se llaman contratos de **OPCIONES** porque con ellos estamos adquiriendo "la opción" de comprar o vender ciertos bienes, en este caso acciones o activos subyacentes. Ya sea en la compra o la venta siempre tienes la opción de llevar a cabo el acuerdo en el contrato o no.

CAPÍTULO 7

Las opciones y sus variables
¿Qué las afecta?

OPCIONES Y SUS VARIABLES

Cuando estamos negociando con opciones, estamos jugando con las probabilidades, es como un juego de azar. Pero con la particularidad de que en las opciones tenemos la posibilidad de usar ciertas herramientas que nos van a ayudar a salir de nuestras posiciones, con cierto porcentaje de ganancia o pérdida, de una manera automática a esto se le llama **Gestión de Riesgo**.

Antes de empezar a negociar opciones, necesitas analizar el porcentaje con el cual te sientes cómodo para tomar ganancia y cuál es el porcentaje que te sientes cómodo para arriesgar.

Por ejemplo: Apuestas $200 pensando tomar ganancia al 80% y en el caso de que la acción se vaya en contra solo te permites perder el 20%.

Es decir que, si yo compro una opción call de **AMD** pensando que esta va a subir, colocaré una venta LIMIT (límite) de ganancia automática cuando mi contrato llegue a valorizarse en $360, pero como eso es solo una posibilidad y yo solo estoy dispuesta a perder 20% ($40) de mis $200 invertidos, coloco un **STOP LOSS** para que me saque automáticamente de la posición y me evite la pérdida total.

Para eso existe una herramienta llamada **OCO** (Order Cancel Others / Orden Cancela Otra). La cual automatiza el stop loss y la venta limit al mismo tiempo. Al procesarse una, la otra queda cancelada automáticamente.

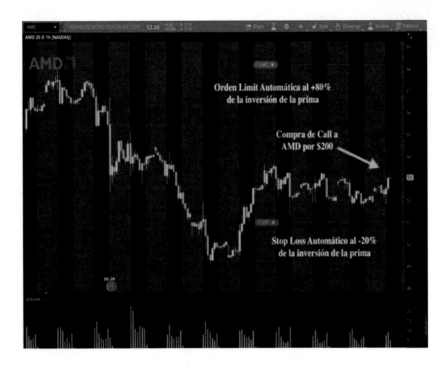

El punto clave que hay que entender aquí, es saber cuál es tu porcentaje de riesgo/beneficio para jamás dudar de cuándo salir de una posición.

Una opción de compra te da el derecho de comprar la acción al precio de ejercicio (strike) en la fecha de vencimiento. Por otro lado, una opción de venta te da la obligación de vender la acción al precio de ejercicio o la obligación de comprar las acciones.

En el primer ejemplo para negociar opciones de compra: (**A.1**) pagas una prima para recibir el derecho de comprar 100 acciones de cierta acción, pero no estás obligado a hacerlo. Por otro lado, el monto de la prima que pagaste es la cantidad máxima que podrías perder (a menos que uses un stop loss).

Puntos importantes:

- **La acción subyacente**, es simplemente lo que se usa como base para efectuar la negociación de una opción. Digamos que utilizamos las acciones como artefactos para sacar un provecho monetario de eso.

- **El precio de ejercicio (strike),** es el precio del "objetivo". Es decir que es el precio al cual estamos pensando que llegará el activo en un tiempo determinado.

- **La fecha de vencimiento** es la fecha en que la opción dejaría de negociarse. Las opciones estadounidenses se pueden ejercer en cualquier fecha antes o hasta la fecha de vencimiento. Pero que sean estadounidenses no tienen nada que ver con la ubicación geográfica porque se pueden negociar en todo el mundo desde tu bróker.

¿Cómo se valoran las opciones?

Existen 3 factores importantes que influyen el cambio del precio de las opciones:

A. El precio de la acción subyacente
B. Tiempo hasta la fecha de expiración
C. Volatilidad

Mientras los siguientes dos factores son los menos importantes en ese sentido:

D. Tasas de interés a corto plazo.
E. Dividendos

A. Precio de la Acción o Activo Subyacente

Una vez más, los movimientos de precios de las acciones afectan a las primas de las opciones. **Por ejemplo:** Para las opciones de compra, cuando el precio subyacente sube, la prima debe seguir el mismo camino. Cuando el precio subyacente cae, las primas de las opciones de compra bajarían, pero este es solo uno de los factores.

B. Valor Temporal y Caducidad

Generalmente, cuando falta mucho tiempo para la fecha de vencimiento de la opción, la prima sería más alta. En otras palabras, una opción a la que le falten dos meses para llegar a su fecha de vencimiento tendría una prima más alta que una a la que le falte tan solo una semana para llegar a su expiración y esto es porque estaríamos comprando tiempo.

C. Volatilidad

La volatilidad es la que nos indica cuánto va a variar el precio de las acciones basado en el comportamiento que estas han tenido en el pasado.

D. Tasas de interés

Por lo general, las tasas de interés no afectan tanto a las primas de las opciones como las afectan el valor del precio de las acciones. Sin embargo, en un entorno de aumento de las tasas de interés, normalmente aumentan los precios de compra y disminuye los precios de venta.

E. Dividendos

Cuando una compañía remunera a sus accionistas, el efecto es negativo para las opciones de compra y positivo para las opciones de venta. En el caso de las **Call** el pago de dividendos las hace menos atractivas, ya que el precio del subyacente cae. Por este mismo motivo la opción Put se hace más atractiva. A mayor dividendo, peor efecto para la opción de compra y mejor para la opción de venta.

Antes de pasar a la siguiente parte quiero que recordemos un poco de la cadena de opciones, recordemos que la cadena de opciones es el "exhibidor o vitrina" de las opciones en nuestra plataforma, allí es donde vamos a elegir nuestro contrato entre muchos. Cuánto mejor sepamos elegir, mejor rentabilidad o más probabilidad tendremos de sacar los resultados que deseamos a la hora de comprarlo.

Y todos estos términos que vamos a ver a continuación son como un tipo de nivel que nos ayudan a descubrir eso. En la cadena de opciones vamos a ver como el precio del strike va ascendiendo y así mismo los precios de las primas en el caso de los **CALLS**, en cambio en el caso de los **PUTS** vemos todo lo contrario. Ya que cuando estamos negociando Calls estamos buscando que el precio suba y cuando negociamos Puts, estamos buscando que el precio de la acción baje.

¿Por qué sucede esto? Porque entre más cerca este el precio del activo al precio del strike, mayor probabilidad de que nuestro contrato se valorice, por lo tanto, más cara la prima.

VALOR INTRÍNSECO/ EXTRÍNSECO:

El precio de una opción está formado por dos variables una es el valor intrínseco y la otra es el valor extrínseco o temporal.

Valor Intrínseco: Es la diferencia entre el precio actual del activo y el precio del strike. El valor intrínseco también es conocido como valor real de la opción.

Ejemplo: si APPLE (AAPL) se está cotizando en $318 y compro un call con strike $310. Si la acción a la fecha de vencimiento sigue en $318, mi opción va a terminar costando $8 y ese sería el valor intrínseco de mi opción.

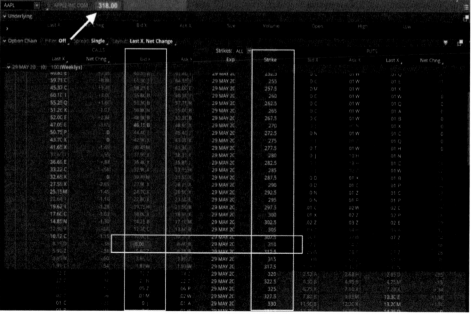

¿Cómo lo calculamos?

Lo calculamos sacando la diferencia que hay entre el precio de la acción $318 y el strike negociado $310. Lo que nos da por resultado = $8 x 100 = $800 (porque como ya sabemos un contrato se refiere a 100 acciones).

Entre más cerca está el precio de la acción al strike más se valoriza nuestro contrato.

El valor Intrínseco solo se refiere a las opciones **ITM**, un valor intrínseco negativo significa que la opción esta **ATM** o **OTM** o sea en o fuera del precio del strike. (Aprenderemos de estos valores un poco más adelante).

Recordemos que cuando compramos opciones, tenemos el **DERECHO** (más no la obligación) de adquirir las acciones. En el ejemplo dado con acciones de **APPLE**, el precio del strike es $310. Es decir que tenemos el derecho a comprarlas a ese precio si así lo deseamos. Sin importar que las acciones hoy realmente cuesten $318. El vendedor tendría que respetar nuestro acuerdo de pagar por cada una $310 y estarías ganando por cada una de ellas $8 o el valor intrínseco.

En el caso de no querer ejercer mi derecho de comprar las acciones, simplemente me quedaría con el valor de mi contrato $8 x 100 = $800. Es decir, estaría ganando lo mismo si ejerzo mi derecho de comprar las acciones y ganarme por cada una de ellas en ese momento $8 x 100 = $800 o solo cobrar el valor de mi contrato $800.

En el caso de los **Puts** es exactamente igual. Recordemos que cuando compramos puts adquirimos el derecho de vender las acciones a un precio más bajo estipulado en el strike. Ejemplo si la acción se cotiza en $318 y mi strike es de $300, me estaría ganando $18 por cada acción.

Los Puts siempre terminan en un valor intrínseco cuando el precio de la acción se cotiza similar al precio del strike.

Valor Extrínseco: También conocido como valor temporal. Es la diferencia del ask con el valor Intrínseco. Se conoce como valor temporal porque depende de la fecha de expiración.

Ejemplo: Acción de APPLE (AAPL) $318 - Strike de la Opción Call $320
Valor Intrínseco $2 - Precio ASK de la Opción $7 = **Valor Extrínseco** $5

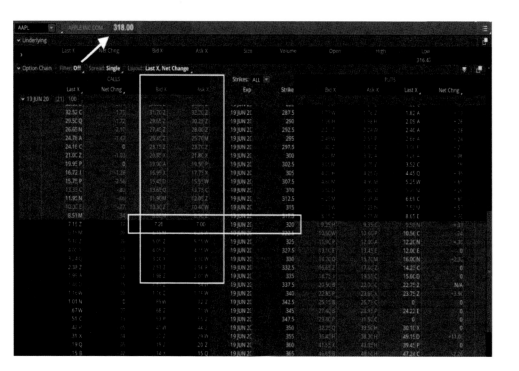

- Cuantifica las posibilidades que la opción tiene a lo largo de su vida.

- Entre más falte hasta la fecha de vencimiento de la opción, mayor valor extrínseco.

- Sube cuando aumenta la incertidumbre relativa a los cambios de precio del activo, es decir por el efecto de la Volatilidad.

- Alcanza su valor máximo cuando se encuentra ATM, (cuando el precio del activo sea igual al precio del strike) y va cayendo según nos alejamos OTM o ITM.

- A medida que pasa el tiempo, el valor temporal de una opción va bajando hasta llegar a 0 en el día de su vencimiento. A este fenómeno se le llama Time Decay (decaimiento del tiempo).

Por ejemplo, si una acción se cotiza en $100 y compras opciones con strike a $105, estas opciones tendrán poco valor si se expiran en 1 hora. Sin embargo, si se expiran en 1 mes, existe la posibilidad de que la acción pueda cotizar al precio del strike, por lo tanto, nuestras opciones se valorizarán.

Cuando una opción tiene un valor intrínseco, se dice que está "en el dinero" In-the-money, (ITM). Recuerda que el valor intrínseco es el valor real de una opción, nos dice la cantidad que debe valer, al comparar el precio de la acción y el precio de ejercicio.

Aprendamos acerca de:

- **IN-THE-MONEY (ITM) Dentro del dinero**
- **AT-THE-MONEY (ATM) En el dinero**
- **OUT-OF-THE-MONEY (OTM) Fuera del dinero**

Solo reflejan el nivel del precio de una opción en comparación con el precio del strike. Es decir, nos dicen en qué nivel de la cadena de opciones está parada nuestra opción.

Por ejemplo, si una acción se valoriza en $50, las opciones de compra con precio de strike de $40 se considerarían in-the-money (el precio del activo es mayor al precio del strike).

Mientras que las opciones de compra en el que el precio del strike esté por encima de los $50 se considerarían out-of-the-money (el precio del activo es menor al precio del strike).

Por otra parte, las opciones de compra y venta a $50, se considerarían at-the-money. (el valor del activo y el strike son iguales).

La única diferencia entre el valor de una opción de compra y una opción de venta con el mismo precio de strike y fecha de vencimiento es el valor intrínseco. El valor intrínseco, es el valor que una opción in-the-money debe tener. Esto significa, que una opción debe valer tanto como la diferencia entre el precio de ejercicio y el precio de la acción subyacente.

Las Opciones **ITM** (dentro del dinero) se cotizan en una cifra que puede ser calculada, en otras palabras, que se puede prever a cuánto va a terminar costando para la fecha de vencimiento. Obteniendo así un valor real (valor intrínseco).

Una opción está en el dinero **ATM**, si su precio de ejercicio es el mismo que el precio del activo subyacente.

En cambio, las Opciones **OTM** (fuera del dinero) como ya sabemos dependen totalmente del movimiento del activo, así que en el caso de las opciones **OTM** si dicho precio no varía mucho para la fecha de vencimiento, las opciones dentro de **OTM** terminan costando cero en dicha fecha.

Ejemplo: Si compramos una opción Call que se encuentra muy debajo en el **OTM**, tenemos que esperar que la acción suba para que nuestro contrato adquiera valor, entre más rápido suba la acción más arriba se posicionará en la cadena de opciones.

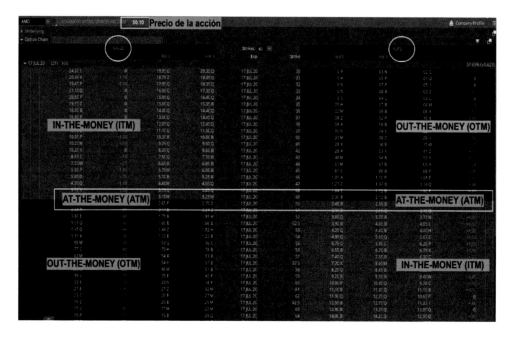

Letras Griegas y Opciones

Las letras griegas son un conjunto de medidas matemáticas que describen la sensibilidad del precio de la prima (valor del contrato). Por lo tanto, son fundamentales para gestionar nuestra posición, su conocimiento nos permite calcular el riesgo.

> **¡Aprendamos griego!**
>
> **DELTA, GAMMA, VEGA, THETA, RHO**

¿Cómo afecta cada GRIEGA las OPCIONES?

Nos miden cómo puede ir variando el precio de una opción, a través de ciertos factores a las que están ligadas, estos factores son:

- El precio
- La volatilidad implícita
- El tiempo que nos queda hasta el vencimiento.
- El tipo de interés libre de riesgo.

¿Qué significa cada una de las letras griegas?

Las dos siguientes variables nos dicen cuánto podemos ganar o perder si el precio cambia.

DELTA: Representa cuanto varía el precio de una opción.

Indica cómo vas a ganar o perder dinero según se mueve la acción. Mayor Delta, más costosa la prima y más riesgo/beneficio.

En el caso de los **Calls**, entre más lejos este tu contrato **(OTM)**, más económica la prima y menos Delta, eso significa que va a ser más difícil que se revalorice tu contrato. En cambio, en el lado de los **Puts** esto es beneficioso ya que cuando estamos comprando Puts estamos buscando una caída de la acción.

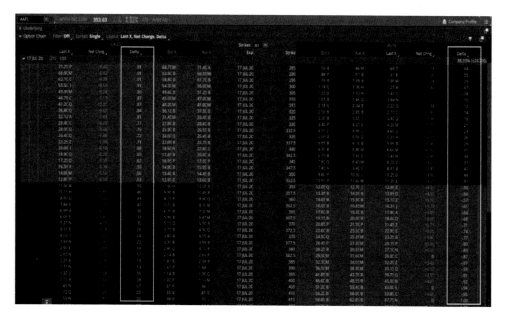

El Delta es positivo en Calls y negativo en Puts.

En los Calls el precio del contrato sube el precio del Delta por cada dólar que se mueva el activo, así mismo si cae se le resta el precio del Delta. En el caso de los Puts si la acción sube se le resta el Delta y si cae se le suma.

Ejemplo: Si el precio de la acción de APPLE (AAPL) es de $318, con un valor de prima de $580 + una Delta de 0,3 ($30) ya que 0,1 de Delta se refiere a un décimo.

- **Si las acciones suben $1, el contrato pasará a tener un valor de $610**
- **Si las acciones bajan $1, la opción pasará a tener un precio de $550**

El Delta tiene mayor sensibilidad cuando está cerca la fecha de vencimiento. El Delta solo va a variar entre 0 **(OTM)** y 1 **(ITM)** Todas las opciones que están cotizando OTM tienen un Delta inferior a .50 y todas las ITM tienen un Delta superior a .50

Dependiendo de nuestro estilo de operativa o perfil de riesgo, el Delta puede funcionar a favor o en contra porque si el movimiento se nos viene en contra, el Delta le restará valor a nuestro contrato.

La segunda interpretación que se le puede dar al Delta es para medir las probabilidades que tiene esta de llegar a la fecha de vencimiento en **ITM**. Entre más delta mayor probabilidad.

Todas las opciones **OTM** únicamente tienen valor extrínseco, el cual desaparece si el contrato no entra en **ITM** a la fecha de vencimiento, esto tiene mucho sentido en caso de que estemos haciendo swing trading y es porque el Delta va a medir la probabilidad de que mi contrato se valorice a su fecha de vencimiento.

Ejemplo: Si yo tengo un contrato con un Delta de .20 tengo el 20% de probabilidades de que ese contrato termine en **ITM**.

A mayor tiempo de vencimiento, mayor delta en el mismo strike, porque tenemos más tiempo para que nuestro contrato se valorice.

GAMMA: La variación de la DELTA de una opción.

Cuanto mayor sea al valor absoluto del Gamma, mayor será el Delta. Ella es la derivada parcial del Delta frente a subidas del activo.

Mientras mayor es la **GAMMA**, mayor es la **DELTA**, lo cual significa más riesgo.

Ejemplo:

Compañía **AMD** con precio de $55.
Escogemos un contrato con un strike de $57, con valor de prima de $200, más un Delta = a 0.4 y un Gamma = a 0.05.

> Si al día siguiente el precio de la acción sube a $56.
> Delta 0.4 ($40) + Gamma 0.05 ($5) = 0.45 ($45) Prima $200 + $45 = $245 Si al día siguiente el precio de la acción baja a $54
> Delta 0.4 ($40) - Gamma 0.05 ($5) = 0.35 ($35) Prima $200 - $35 = $165

¿Cuánto puedo ganar/perder si la volatilidad cambia?

VEGA: Mide las variaciones de la volatilidad

Nos dice el cambio de valor que sufrirá la prima de una opción en las variaciones del 1% en la volatilidad.

Cuánto más aumenta la volatilidad, mayor incremento experimenta la prima, por lo que la Vega será mayor.

Cuánto más tiempo queda hasta el vencimiento, mayor probabilidad de volatilidad y por lo tanto más cara será la prima.

Con la alta volatilidad los vendedores de opciones se benefician ya que las primas de los contratos pueden llegar a ser mucho mayores.

Si el Vega baja (por la baja volatilidad), así el activo se esté moviendo a nuestro favor, el Vega se va a consumir todo el valor temporal de la acción o valor extrínseco y terminará depreciándonos la prima de una manera más rápida.

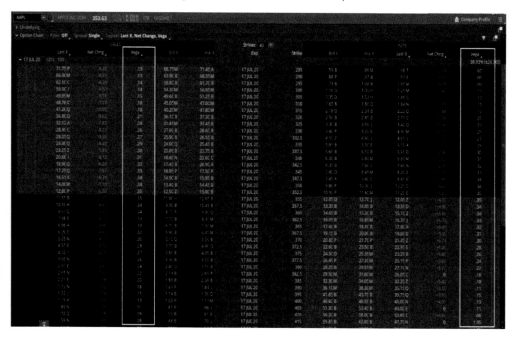

¿**Cuánto puedo ganar o perder con el paso del tiempo? THETA:** Mide el tiempo restante hasta el vencimiento del contrato.

Se produce porque las opciones tienen fecha de expiración, de forma que según se aproxima dicha fecha, el valor extrínseco de la opción se va reduciendo hasta que llega a cero.

El valor del Theta varía en función al precio del activo.

Entre más lejos del **ATM** menos costosa la prima, menos probabilidad que nuestro contrato se valorice.

Cuando eres vendedor, Theta es positivo. Cuando eres comprador, Theta es negativo, básicamente quiere decir que cuando vendes el tiempo está a favor y cuando compras va en contra.

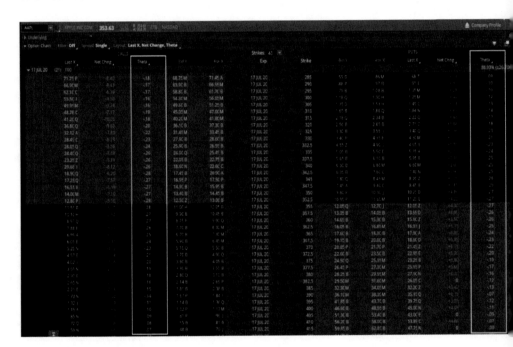

¿Cuánto puedes ganar o perder con el cambio de tasas de interés?

- **RHO:** Mide el cambio del valor de la prima de una opción ante la variación de un 1% en el tipo de interés.

Este indicador tiene poca o nula repercusión a corto plazo, aunque esta será mayor entre más tiempo quede hasta la fecha de vencimiento.

Para tomar en cuenta:

Si bien estos factores son muy importantes a la hora de evaluar los contratos, todo dependerá de tu propia estrategia. Si tu plan es el **Day Trading** o **Scalping** algunos de estos factores no tienen mucha importancia, ya que poseerás el contrato por muy poco período tiempo.

NEGOCIAR CON OPCIONES

Las opciones te permiten ser creativo y flexible con las negociaciones. El mismo nombre lo dice, tienes muchas "opciones."

Si tenemos tendencia alcista (bullish) podríamos optar por opciones Call. Lo mismo ocurre cuando la tendencia es bajista (bearish) podríamos optar por opciones Put. Además, si esperas que una acción se mueva mucho, podrías colocar una estrategia de volatilidad. También podrías usar opciones para cubrir tus acciones. Las posibilidades son "infinitas."

Ahora veamos las formas de usar las opciones.

Cobertura de tus Acciones:

También podrías usar opciones para cubrir tu portafolio de acciones. Por ejemplo, si tienes acciones a largo plazo, pero temes que pronto podría haber una caída en el mercado, podrías cubrirte con la compra de un put. Piensa en esto como comprar un seguro, ya que podrás beneficiarte del valor que puede adquirir tu opción de put y así sopesar el bajón temporal de tus acciones. Pero al mismo tiempo beneficiarte cuando estas vuelvan a subir.

Opciones para Generar Ingresos:

Veamos un ejemplo. Repasaremos la estrategia de "Covered Call".

Ahora bien, si tienes 100 acciones, podrías mejorar tus retornos vendiendo opciones **"Out- The-Money"**. Si el precio de la acción cae, tus acciones se verían en bajón, pero el contrato de Covered Call expiraría sin valor (porque nadie te comprará tus acciones a un strike que es más alto que el precio de la acción). Y minimizaría tu bajón de acciones al haber generado esa prima.

Por otro lado, si la acción se recupera o sigue subiendo, te beneficiarías del aumento del valor de la acción. Sin embargo, te verás obligado a venderlas al precio del strike que escogiste.

¿Qué pasa si la acción sube un 40%? ¿Y si me pierdo de ese beneficio por tener un contrato a un strike más bajo? Bueno, tu beneficio es limitado a ese precio. Algo que yo siempre hago es comprar más de 100 acciones, por si se disparan por arriba del precio de ejercicio- sé que las 100 las venderé al precio strike- pero con las demás me beneficiaré de la gran subida.

Una de las razones principales para negociar opciones, es ganar exposición o proteger tu posición contra la volatilidad. Ahora, ¿por qué alguien quisiera "negociar" la volatilidad?

Bueno, la volatilidad es a menudo vista como una clase de activo. Existen varios derivados que permiten a los operadores exponerse a la volatilidad. Dado que la volatilidad afecta a casi todas las estrategias de operaciones, se ha vuelto importante para los operadores administrar ese riesgo o capitalizar los cambios en la volatilidad.

La volatilidad es uno de los factores más importantes del valor de una opción.

Supongamos que piensas que una acción se va a mover significativamente después de los reportes de ingresos, donde ya sabemos que la volatilidad es muy alta, por la expectativa de los resultados. Pero no sabes en qué dirección.

Bueno, podrías poner un "puente," lo cual es un juego con la volatilidad. Podrías hacer esto simplemente comprando opciones de **Calls** y **Puts**, para beneficiarte de la mezcla de estrategias tanto por si sube y baja.

Es bueno comprender que se puede ganar dinero, sin importar en qué dirección se mueven las acciones, sabiendo utilizar las opciones y comprendiendo los procesos de subida y bajada del valor. Pero te aconsejo que si estas empezando, solo deberías mantenerte en lo básico. Cuando comiences a acostumbrarte a los términos y a ver resultados, entonces podrías pasar a cubrir tus acciones o a colocar operaciones de volatilidad.

Ahora, en la siguiente sección, vamos a entender un poco más lo que es la Volatilidad Implícita.

Nuevamente, las opciones pueden parecer tediosas al principio, por lo que deberás continuar estudiando esta guía para comprender la forma en que realmente funcionan las opciones.

VOLATILIDAD IMPLÍCITA

Ahora, cuánto más volátil sea la acción, más valiosa será. No importa qué tipo de opción, ya sea de compra o de venta. El precio de la acción debe moverse para que la opción se vuelva valiosa.

Por ejemplo, supongamos que una opción at-the-money que expira en un año, tiene una volatilidad implícita del 40%. Podría interpretar esto como: Durante el próximo año, el mercado de opciones espera que la acción se mueva un 40% en cualquier dirección. Recuerda, que una mayor volatilidad implícita, significa precios de opción más altos.

Factores que afectan la volatilidad implícita:

La oferta y la demanda de opciones.

Como ya sabemos desde el principio de este libro, la oferta y la demanda (**compra y venta**) es uno de los factores principales que afectan al mercado y es uno de los factores claves que influyen en los precios. Dicho esto, la oferta y la demanda causarán cambios en el precio de una opción, y por lo tanto la volatilidad implícita.

Si los traders quieren comprar opciones, la opción se ofertaría al alza, lo que provocaría un aumento de los precios y la volatilidad implícita seguiría su curso.

Ahora, **¿qué es lo que impulsa la oferta y la demanda?** Bueno, es difícil de decir. La oferta y la demanda de opciones podrían depender del sentimiento de los traders. También podría depender del nivel de volumen implícito.

Por ejemplo, supongamos que la volatilidad de una acción está por debajo del volumen y espera el reporte de ingresos de esa compañía. La demanda de opciones sería alta debido a la incertidumbre de los resultados de los reportes.

El volumen se incrementa debido al alza en la oferta y la demanda y luego, ¡boom! Es absorbido después, porque no hay más incertidumbre. La demanda de opciones cae, y hay un exceso de oferta de esos contratos porque los traders pueden estar buscando liquidar sus opciones. Ahora bien, cuanto mayor sea el grado de incertidumbre sobre la volatilidad futura del precio de las acciones, mayor será la demanda de opciones como cobertura.

Esto lleva a precios y volatilidad implícita, a cifras altas. Veamos cómo en el siguiente ejemplo el medidor de la volatilidad VIX (lado izquierdo de la imagen) aumentó al efecto de la caída del mercado en el pasado 20 de febrero 2020 y así mismo ha ido bajando con la recuperación de las acciones.

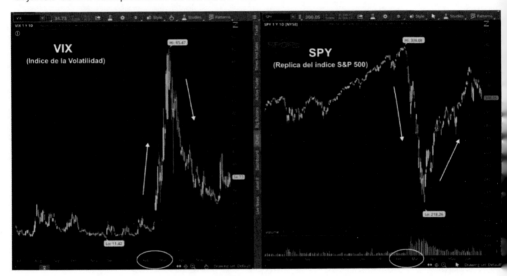

Así también, si una acción está cerca de sus máximos históricos, puede que se vea una mayor demanda de opciones de venta porque los inversionistas pueden estar preocupados por un retroceso y una subida de los precios de las opciones de venta.

La volatilidad implícita refleja la expectativa actual de volumen futuro del precio de las acciones. Cuanto mayor sea la sensibilidad del precio de las acciones a las posibles noticias, mayor será el volumen debido al aumento de la incertidumbre.

Aunque la volatilidad implícita solo representa la perspectiva de los inversores, no existe una garantía de que esta perspectiva se haga realidad. La volatilidad implícita es probabilidad y no certeza.

CAPÍTULO 8

Consejos del Dinero Inteligente

CONSEJOS DEL DINERO INTELIGENTE

En el mundo de las finanzas y la bolsa acostumbramos a hablar de "Dinero Inteligente" y "Dinero Asustado".

El Dinero Inteligente es lo que todos aspiramos llegar a ser. Requiere estudios, experiencia, capacidad para analizar las tendencias políticas y económicas, una mente fuerte, control de las emociones y cierta sabiduría que se gana con los años o contratando muy buenos asesores.

De qué hablamos cuando decimos "Dinero Inteligente"

Se usa para definir a los inversores institucionales o gestores profesionales, cuya información y calidad de análisis es consistentemente mejor que las del resto de los inversores, y cuya probabilidad de ser exitosos en el mercado es también más alta.

El dinero inteligente compra cuando los otros tienen miedo y vende cuando otros son codiciosos. Y lo hacen porque no corren con la multitud, saben medir riesgos y audacia, buscan la ganancia y la seguridad y ven tendencias donde otros solo corren detrás de la manada, impulsados por el miedo o la codicia.

Para ser "Dinero Inteligente" debes:

- Manejar tus emociones.
- Cuidar el tamaño de la posición.
- Manejar y controlar la relación riesgo-recompensa.
- Prestar atención a los eventos políticos y económicos que sean catalizadores claves.
- Conocer los indicadores y herramientas claves que son parte del juego.
- Cuida tu tiempo, aprovéchalo para estudiar.
- Ahorra, controla tus gastos, no derroches, no pierdas dinero.
- Relaciónate con personas con metas parecidas.

En el lado opuesto al "**Dinero Inteligente**" tenemos al "**Dinero Asustado**" que son los traders compulsivos, los que corren detrás de la manada y con ellos las personas que no conocen de finanzas, pero creen que la Bolsa de Valores es un casino de apuestas ligeras, los que entregan su dinero sin saber de comisiones ni riesgos, los que se niegan a cuidar sus finanzas y viven de compra en compra, gastando lo que no tienen, endeudados por tonterías e incapaces de ahorrar e invertir.

El "**Dinero Asustado**" es el que depende de una hipoteca, o arriesga su dinero y la estabilidad de su familia, o peor, necesita obtener resultados para poder cubrir sus gastos, muchas veces solo para financiar una falsa apariencia de éxito económico. Hay que mirarlos y aprender de ellos. Porque sus errores nos sirven como advertencia.

Esto es lo que yo he aprendido de ellos:

- El "dinero asustado" no hace dinero. De hecho, el "dinero asustado" tiende a perder dinero.
- Si no tienes la relación riesgo-recompensa correcta, no puedes manejar adecuadamente tus posiciones.
- Los traders perdedores cancelan sus cuentas.

Dicho esto, veamos algunas formas de pensar como el dinero inteligente y cómo potencialmente multiplicar tu dinero.

Probablemente has oído a alguien decir: "Negociar opciones es como los juegos de azar, estás obligado a perder dinero." Bueno, se equivocan en eso. Eso es dejar que las emociones controlen tu habilidad para hacer dinero. Estás dejando que los miedos de los demás influyan en tu forma de pensar.

Por supuesto, cuando estás negociando o invirtiendo, tendrás que arriesgar algo... nada está garantizado. Dicho esto, necesitas negociar opciones con una cantidad que te sientas cómodo de perder. Esto te ayudará a superar cualquier obstáculo en el camino.

Hay personas confundidas cuando leen "**inversión garantizada**". Lo que se garantiza es que te pagarán la **PRIMA** que recibes con las ventas de opciones. No la rentabilidad o ganancia de una operación. Lo único que realmente está garantizado es la PRIMA que recibes con las ventas de opciones. Y te las darán desde el primer día: esto si es 100% garantizado.

Sin embargo, eso no significa que tu operación este 100% libre de riesgo, ya que estás comprando (o acordando comprar acciones).

Lo único seguro de las acciones, son los subes y bajas, pero sabemos que existen las ganadoras que tienen más potencial en seguir subiendo, basado en su historia y trayectoria. En resumen, nada es garantizado y no hay operación libre de riesgo. Sin embargo, las primas que recibes con las estrategias de ventas de opciones, sí las recibirás, eso es 100% confirmado.

Si sabes qué buscar y te centras en la relación riesgo-recompensa y en el tamaño de la posición (que repasaremos en detalle más adelante), es fácil eliminar el temor de negociar opciones.

¿Cuántas veces has oído hablar de gente que "entra en pánico vendiendo sus posiciones"? En otras palabras, presencian un mercado en quiebra... ven sus acciones bajando o con caídas... dejan que el miedo se apodere... venden en un bajón... solo para ver el rebote de las acciones.

En realidad, están perdiendo dinero dos veces.

Primero, podrían haber usado "Stop Loss" y el patrón del dinero para señalar cuándo salir de sus posiciones.

Segundo, renuncian al potencial de hacer dinero. Cuando puedes detectar cambios potenciales en las tendencias, podrías hacer opciones de venta y ganar dinero de esa manera.

Has visto lo poderoso que puede ser el patrón del dinero, y vamos a repasar eso de nuevo, solo para que puedas reforzar cómo piensa el dinero inteligente sobre negociar acciones y opciones.

Ahora un ejemplo de aquellas personas que dejan que sus emociones tomen el control: el dinero asustado tiende a ser de vista corta y se obsesiona con sus posiciones... ven sus posiciones cada segundo... las ven bajar un poco y se frustran... vendiendo sus posiciones demasiado pronto. Además, "necesitan" ver los beneficios rápidamente, de lo contrario terminarán vendiendo por una pérdida.

Si has hecho trading antes y te has visto obligado a salir de tus posiciones por pequeñas pérdidas, porque tenías miedo de perder una gran parte de tu capital... **hay una solución simple**: usar menos capital.

Aquí es donde la administración de la relación riesgo-recompensa y el tamaño de la posición entran en juego.

El dinero inteligente se enfoca en sus fortalezas y no trata de seguir miles de acciones. Los traders exitosos, son conscientes de los eventos catalizadores claves, como los reportes de ingresos.

Los grandes traders no malgastan su tiempo en internet. Pasan el tiempo hablando con otros traders exitosos y estudiando, centrándose en cosas que les harán ganar dinero. Los traders genios entienden la noción de interés compuesto, lo que Albert Einstein una vez llamó "la octava maravilla del mundo".

> ^ **El dinero inteligente busca operaciones de bajo riesgo y alta recompensa. ¿De qué estoy hablando?** ^

Enfócate en el Riesgo-Recompensa y en Administrar el Tamaño de la Posición.

Probablemente has oído hablar del equipo de Black Jack del Instituto Tecnológico de Massachusetts (MIT)... si, sobre el que hicieron la película. Bueno, ¿por qué pudieron vencer a los casinos? Se reduce a riesgo-recompensa.

Apostaban cierta cantidad según las circunstancias y sabían su retribución. En general, buscaban al menos duplicar su dinero. En otras palabras, si apostaban $1,000, buscaban recuperar $1,000. Si le daban al Black Jack, obtenían $1,500.

Entonces, ¿cuál es la idea aquí?
Encuentra una relación riesgo-recompensa que funcione para ti.

El equipo de Black Jack del MIT, tenía una relación riesgo-recompensa de 1-2. En otras palabras, estaban dispuestos a arriesgar, digamos, 5% de su capital para ganar 10%.

Yo tengo la misma relación riesgo-recompensa. Puesto que estoy apuntando a ganadores de más del 100%, estoy dispuesto a perder el 50% de mi capital en los que no funcionen. Podrías estar pensando: **"¡WOW, eso parece mucho! Perder 50% de tu capital... no podría soportar eso."**

Está bien. Solo tienes que encontrar lo que funciona para ti. Lo que a mí me funciona, no es lo que te funcionará a ti. Tenemos diferentes personalidades, situaciones y fondos. Cuando empiezas a negociar opciones, tiene sentido apuntar a un porcentaje de retorno menor y concentrarte en el proceso hasta que entiendas bien el proceso de negociación. Una vez que puedas hacer eso y mostrar ganancias consistentes, puedes empezar a agregar el tamaño de tus posiciones.

Al final del día, entender el riesgo-recompensa te hará un mejor trader.

Por ejemplo, si sabes cuánto estás arriesgando cuando entras en una operación, es probable que no te quedes estancado. Veamos un ejemplo en el que no saber la relación riesgo-recompensa, te habría metido en bastantes problemas.

Digamos que compraste acciones de AMD a $30, después de que las acciones se dispararon. Bueno, si no tuvieras un riesgo-recompensa establecido, podrías haber pensado que esta acción podría continuar subiendo... Y de hecho lo hizo.

Ahora, si no tuvieras en mente una relación riesgo-recompensa, probablemente habrías seguido manteniendo estas acciones porque no sabrías dónde obtener beneficios. Además, cuando estás en el momento, es fácil ponerte eufórico y pensar que las acciones podrían seguir subiendo para siempre.

Bueno, aquí es donde tienen problemas la mayoría: no saben dónde asegurar ganancias. Digamos que sigues manteniendo estas acciones, a pesar de que en un momento dado se duplicaron. Créeme, he visto que esto pasa mucho.

Esto es lo que podría pasarle a tu posición si no tienes un objetivo o "**Stop Loss**" establecido.

En cuestión de días, serías testigo de un gran cambio en tus ganancias. En última instancia, lo que sucede aquí es que los inversionistas se paralizan... entran en pánico... y luego venden sus posiciones.

Bueno ¿qué hubiera pasado si tuvieras una relación riesgo-recompensa establecida de 1-2? En otras palabras, arriesgar 50% y tomar ganancias al 100%... y poner un "**Stop Loss**" y dejar que el resto pase después de tomar la primera mitad de la posición. Es decir, asegurar ganancias en el momento que se doblen las acciones al cobrarlas (sacando **TU CAPITAL** de la inversión y dejando solo **LA GANANCIA INVERTIDA** en las acciones).

Tamaño de la posición.

La diferencia entre dinero inteligente y traders sin experiencia, es el hecho de que el dinero inteligente entiende el riesgo. Los negociadores de dinero inteligente no llegaron a donde están por suerte o "**cosas seguras.**" Ellos realmente entienden la forma en que funciona el riesgo y solo apuestan una cantidad con la que se sienten cómodos de perder. En consecuencia, son capaces de dimensionar adecuadamente sus posiciones.

Ahora, no puedo decirte cómo dimensionar tus posiciones porque todo depende del tamaño de la cuenta y tu perfil de riesgo. Esto es completamente personal.

La mayoría de las pérdidas en opciones, son porque el tamaño es inadecuado de las posiciones y también por un exceso de confianza. Muchas veces nos excedemos al pensar, que de todas maneras se va a ir a nuestro favor, cuando sabemos que nada en la bolsa, al igual que en la vida, nada está garantizado excepto las "primas" de las opciones de venta.

Piénsalo así: cuándo juegas póquer y se reparten las cartas... puedes hacer buenas apuestas... pero solo por tener las cartas "más fuertes", no significa que alguien no pueda tomar una mejor carta y ganar.

Así que ya sabes: el tamaño adecuado de la posición es clave para tu éxito. **¿Pero cómo puedes hacer esto correctamente?** Bueno, es simple... Solo invierte con la cantidad de capital que estás dispuesto a perder.

Lo que me gusta hacer, es limitar el tamaño de mis posiciones al 5% de mi total cuenta en cualquier operación de una opción, especialmente si es una compra de call/put. En consecuencia, incluso si toda la prima se absorbe, lo cual es poco probable con mi estrategia, porque uso "**Stop Loss**", solo perdería un 5% del total de mi cuenta. Siempre puedo dormir bien sabiendo eso.

Esto es lo que se conoce como una estrategia de tamaño de posición de cantidad fija (o porcentaje en mi caso). Cuando usas esta estrategia, en realidad te ayuda a convertirte en un mejor trader, porque tienes una fórmula matemática incorporada.

Recuerda:

- **Cuando ganas más dinero, apuesta más.**
- **Si estás en crisis, apostaría menos. Por consiguiente, esto protegería tu cuenta.**

Así que usar este porcentaje fijo o cantidad fija podría ser una forma de empezar.

En general, si estás empezando a comprar opciones, podrías considerar dimensionar tus posiciones al 1-2% de tu cartera.

Por ejemplo, usando un tamaño máximo de posición del 2%, si tienes una cuenta de $25,000, debes limitar tus posiciones a no más de $500 por trade "riesgoso."

De esta manera, puedes aprender el proceso de comprar opciones, mientras minimizas el daño potencial a tu cuenta. Por supuesto, siempre es mejor empezar a practicar en demo antes de hacerlo en tu cuenta real.

Otra estrategia, es solo trabajar con una cantidad específica de acciones o contratos dependiendo del tamaño de tu cuenta. Ahora, esta estrategia de tamaño de la posición es lo que mete a muchos principiantes en problemas.

¿Por qué?

Digamos que fijas el tamaño de tu posición en 5 contratos. Si compras 5 contratos de opción de compra en una acción como Apple, es muy diferente a comprar 5 contratos de opciones de compra en acciones de pequeña capitalización.

Además, tener un tamaño de contrato fijo, podría meterte en problemas porque no tiene en cuenta tu capital. Si estás en crisis, seguirás con los 5 contratos, lo que podría destruir tu cuenta. Por el contrario, cuando tienes una estrategia de tamaño de posición de porcentaje fijo, si estás en crisis... apostarías menos. Si está ganando más dinero y construyendo tu cuenta, arriesgarías más y tus ganancias potenciales serían mayores.

En general, el dinero inteligente entiende como diversificar las posiciones en relación con sus personalidades y tamaños de cuenta. En su mayor parte, la estrategia de porcentaje fijo ha funcionado bien para mí y seguiré usándola. Dicho esto, encuentra una estrategia de tamaño de posición que funcione para ti y nunca te excedas en relación con el tamaño de tu cuenta.

A continuación, hay otro consejo de dinero inteligente que podría ayudarte: limitar el número de "trades", transacciones de operaciones compra/venta, que haces.

No sobre operes.

Sobre operar es cuando siempre estás haciendo trades, todos los días. Esto no es recomendado.

La mayoría de los principiantes se emocionan demasiado y empiezan a hacer todo tipo de operaciones, solo por el gusto de hacerlo. Tal vez estén aburridos, tal vez les guste la emoción... pero por alguna razón, sobre operan y generalmente se dan cuenta demasiado tarde de lo excesivo que pueden ser tantos trades en sus cuentas.

Mi consejo para no sobre operar: concéntrate en una canasta de acciones y ETFs, lo que permite concentrarte en cómo se mueven.

Hay miles de acciones negociándose en el mercado y el dinero inteligente no trata de centrarse en todas... es demasiado difícil hacerlo. Si te limitas a centrarte en una canasta de acciones, puedes entender realmente lo que funciona y lo que no funciona.

Una vez que tengas una lista de acciones, familiarízate con las gráficas de precios y aprende cómo se mueven con el mercado. Cuando te familiarices con estas acciones y con el mercado en general, te darás cuenta de lo volátiles que pueden ser, así como de sus rangos de negociación. **Cuando planeas tus operaciones, te permitirá pensar en ellas a fondo y evitar sobre operar.**

Cuando tienes objetivos de ganancias, debes tratar de dejar que los ganadores corran más lejos de lo que tú te sientas cómodo. Quita algunas ganancias de la mesa cuando estas sentado en ganancias (lo que te resulte cómodo). Sin embargo, si quieres ser como el dinero inteligente, necesitas mantener tu posición y colocar un "Stop Loss" siempre.

Serás más efectivo y eficiente cuando te enfoques en menos activos. Cuando empieces a negociar opciones, sigue alrededor de cinco acciones de empresas que te gusten y haz una lista de acciones con las que te sientas cómodo.

Mantenlo simple. Esa es la clave.

Esto también requiere de experiencia y disciplina. Es por eso que los traders de opciones principiantes, deberían centrarse en el proceso y en trades pequeños, en lugar de opciones grandes y pensando que podrían convertirse en millonarios de la noche a la mañana. Yo soy de la creencia que las mejores inversiones son las de largo plazo, porque es lo que la historia nos ha comprobado.

Ten en cuenta los Catalizadores (Ganancias)

He visto esto una y otra vez... traders principiantes comprando contratos de opciones, sin saber que hay algún acontecimiento por llegar... solo para despertar y ver que toda su inversión se ha ido. Bueno, muchos principiantes negocian opciones sin saber cómo los catalizadores, como los reportes de ingresos, podrían afectar sus posiciones.

Por ejemplo, si entiendes la volatilidad implícita, como explicamos en la sección anterior, sabrás que las opciones se cotizan en eventos. Cuando hay eventos catalizadores como los reportes de ingresos, los negociadores suben la volatilidad implícita. Esto se debe al hecho de que los reportes de ingresos experimentan movidas bruscas.

Aunque esta temporada podría darnos muchas oportunidades, debes tener en cuenta las fechas de los reportes de ingresos. Hay una gran cantidad de formas de saber cuándo son esas fechas. Por ejemplo, la página web de la misma empresa en la que inviertes o buscar el calendario de reportes de ingresos en **Nasdaq** o **Yahoo Finance**.

Una vez que sepas cuándo una compañía en tu lista de acciones reporta ingresos, te ayudará mucho. Los traders de opciones principiantes, tienden a perder dinero en la estrategia de reportes de ingresos. Los principiantes compran contratos en reportes de ingresos, pensando que van a darle a un gran ganador... solo para darse cuenta de que arriesgaron demasiado y ven que una gran parte de su cuenta se evapora.

Algunos tratan de comprar en un intento de aprovechar el aumento de la volatilidad implícita y mantener la posición durante el reporte de ingresos. Sin embargo, lo que no saben es el hecho de que la volatilidad implícita tiende a aplastarse después de los reportes de ingresos.

El motivo es que el mercado ya no tiene nada qué esperar. La noticia ya salió a la luz. Dicho esto, hay un costo añadido de la volatilidad cuando mantienes las opciones durante reportes de ingresos.

Consejo del dinero inteligente: No compres opciones en reportes de ingresos, a menos que realmente puedas permitirte perder toda la prima.

Una forma más conservadora de hacerlo es comprar opciones antes de la presentación de resultados y venderla antes de la fecha del reporte.

Cuando compras opciones por adelantado y las vendes antes de reportes de ingresos, puedes beneficiarte del aumento de la volatilidad.

Otro consejo de dinero inteligente para reportes de ingresos: Intenta encontrar un punto para entrar después de la fecha de reportes de ingresos. Es decir, salirte **ANTES** del reporte o entrar **DESPUÉS** del reporte de ingresos.

Mis consejos son: ten clara tu relación riesgo-recompensa y siempre ten una salida en mente o automatizada con tu "**Stop Loss**."

Por ejemplo, a mí me gusta quitar la mitad de mi posición cuando mi posición está al 100%. A partir de entonces, moveré mi stop hasta decir 50% y me mantendré para obtener más ganancias. Por lo tanto, aunque la posición regrese, ya he asegurado el 100% de las ganancias en la mitad de la operación... y todavía estaría asegurando el 50%. Es decir, a mí me gusta solo arriesgar ganancias con estos trades.

PASA MÁS TIEMPO ESTUDIANDO EL PROCESO

Si eres dueño de un negocio ¿en qué te enfocarías? En tu negocio, exacto.

Entonces, como trader e inversionistas, **¿por qué pasarías la mayor parte de tu tiempo haciendo cosas que no suman a tus inversiones?**

Hay una diferencia entre los traders millonarios y los principiantes: el trader millonario tiene una mentalidad ganadora. El dinero inteligente se centra en las formas de hacer más dinero, estudian constantemente sobre operaciones y siempre están buscando la siguiente mejor operación. Además, están estudiando el mundo en general, la macroeconomía.

Por ejemplo, el consejo clave de Warren Buffett para el éxito es leer 500 páginas al día. Y te comprendo... no todo el mundo tiene el lujo del tiempo para leer 500 páginas al día. Pero sí creo que puedas leerte 20 páginas, además de mirar los diarios especializados en economía y finanzas.

Pero piénsalo así, **¿cuánto tiempo derrochas viendo la vida de los otros en Instagram o series en Netflix?** Supongo que algunas horas al día.

Si quieres crear riqueza, asigna esas horas a acumular conocimientos sobre la bolsa. Podrías estar leyendo libros, viendo tutoriales o chateando con personas de la comunidad, intercambiando ideas.

Piénsalo así: si pasas un promedio de 3 horas al día navegando internet, haciendo nada más que ver historias vacías, estás dedicando 21 horas a la semana a eso. Si quieres ganar dinero viendo videos o leyendo mensajes en Internet, hazlo aprendiendo, con lecciones educativas. No pierdas tu tiempo viendo la vida de los demás, enriquece la tuya viendo mis historias y mensajes. Para eso te los doy.

Pero en serio, si dedicas 20 horas a aprender sobre el proceso, diferentes herramientas para negociar opciones y estrategias, así como a leer sobre macroeconomía, política, noticias de la empresa y solo conocimiento general... estarás mucho mejor.

Para que sigas aprendiendo cómo ganar dinero y usar bien tu tiempo, quiero contarte uno de los mejores "secretos" del dinero inteligente: **el interés compuesto**.

El Dinero Inteligente Entiende el Interés Compuesto

Albert Einstein una vez llamó al interés compuesto la **"octava maravilla del mundo"**. Añadió: **"Quien lo entiende, lo gana; el que no, lo paga"**. Dicho esto, estoy de acuerdo con Einstein.

Es mágico cómo ganancias sobre ganancias crecen con el tiempo. **¿Qué queremos decir con interés compuesto aquí?** Es sencillo. Hay algunas maneras de aprovechar uno de los más bellos descubrimientos matemáticos: Re-invierte tus dividendos o ganancias. Haz lo siguiente, de forma sostenida en el tiempo, digamos 24 meses, dos años y te sorprenderás de lo mucho que lograrás. Prueba hacer esto:

* Continúa aumentando tu cuenta cada año
* Añade dinero a tu cuenta de trading si puedes
* Aprende diferentes estrategias para aumentar tus retornos

Centrémonos en hacer crecer tu cuenta cada año... es esencialmente la misma idea para estos puntos.

Por ejemplo, digamos que empiezas a negociar opciones con 25 mil.

Supongamos que ganas el 50% de tu capital (lo cual no es descabellado) el año de tu carrera en opciones. Tu cuenta sería de $37,500.

Digamos que dejas tus ganancias ahí, y al año siguiente, vuelves a ganar el 50%. Bueno, tu cuenta ahora sería de $56,250.

¿Qué pasa si haces esto durante 5 años consecutivos?

Bueno, tu cuenta sería de casi $190,000, asumiendo que no sacaras ninguna de tus ganancias. Ahora, puedes imaginar lo que pasaría si pones $5,000 extra al año en este ejemplo...

Muchos no protegen sus ganancias. Cuando ganan algún dinero y obtienen ganancias... las toman y gastan todas de una sola vez, derrochando sus esfuerzos.
Sería mejor gastar tu dinero en cosas que te hagan un mejor trader y te ayuden a estar sano, educado y enfocado, eso sí es una inversión.

Quienes entienden el interés compuesto, lo aprovecharán al máximo.

¿Pero qué sucede con quienes no manejan su riesgo adecuadamente y caen en el hábito de apostar?

Si lo haces solo, no sabes cómo manejar el tamaño de tu posición, no tienes una adecuada relación riesgo-recompensa y pierdes tiempo divagando en lugar de estudiar los mercados, no es una locura perder el 20% de tu cartera rápidamente.

Una vez más, supongamos que tienes una cuenta de 25 mil y que en realidad pierdes 25% el primer año.

Tu cuenta sería del $18,750. Para volver a los $25,000, necesitarías ganar 33,33% el año siguiente

¿Qué pasa si dejas que tu cuenta llegue a 50% de tu capital inicial?

Bueno, necesitarías ganar el 100% solo para volver a tu capital inicial. Es factible, pero ¿quién quiere ponerse en una posición en la que su espalda esté contra la pared? y tienes que salir de ese hueco enorme, porque es entonces cuando las emociones toman el control.

Dicho esto, evita las posiciones de riesgo muy grandes y trata de proteger tus ganancias y asegurarlas.

Reflexiones Finales Sobre la Mentalidad del Dinero Inteligente

No estoy diciendo que estos consejos de dinero inteligente te harán triunfar de la noche a la mañana, pero pueden ayudarte en tu proceso. Repasemos las principales enseñanzas:

- Solo opera opciones con capital que puedas permitirte perder. Si lo haces con tus ahorros, lo más probable es que lo hagas con miedo... lo cual quizá te cueste dinero.

- Opera con una relación riesgo-recompensa con la que te sientas cómodo. Yo pienso en mi riesgo-recompensa en términos de porcentaje, más que en términos de dólares. Dispuesta a arriesgar 50% para ganar 100% (o más).

- Escoge bien el tamaño de tus posiciones adecuadamente. Yo establezco el tamaño de mis posiciones según un porcentaje del tamaño de mi cuenta. Nunca asigno más del 5% de mi cuenta a una sola posición "riesgosa" de compras de opciones.

- Concéntrate en una canasta de acciones, en lugar de todo el mercado.

- Ten en cuenta cuándo las empresas en tu lista de acciones están reportando ingresos.

- Concentra tu atención, estudia, evita las distracciones. Más bien, trata de pasar más tiempo aprendiendo sobre el mundo de la bolsa de valores.

- Repasa lo que es el interés compuesto, protege tu cuenta y trata de hacerla crecer cada año.

- Y, por último: toma responsabilidad de todos tus errores. Solo así podrás salir adelante y mejorar.

CAPÍTULO 9
Ahora te toca a ti...

Hemos recorrido palabras, conceptos técnicos y estrategias. Primeros pasos en un mundo fascinante en el que podrás conseguir libertad económica, tiempo libre, conocimientos económicos y sobre todo la satisfacción de sentirte a cargo de tu dinero, tus finanzas y tus resultados.

No te quedes con esto. Necesitas saber mucho más. Mereces saber más y prepararte para empezar a invertir en la Bolsa de Valores, haciendo que tu dinero trabaje por ti.

Recuerda lo más importante de este libro:

1. *Mantén pensamiento positivo, enfocado en manejar adecuadamente tus emociones.*
2. *Una mente abierta a aprender. Te llevará horas y quizás días. Pero ganarás libertad económica y una forma de ganar dinero desde cualquier parte del mundo, solo con un teléfono o computadora y conexión a Internet.*
3. *Ser inversionista es una filosofía y un estilo de vida. Un verdadero inversionista no es un apostador o un jugador. Tampoco es un farsante, vestido con deudas y promesas rotas.*
4. *El viaje más largo comienza con un primer paso. Hazlo. Decídete a ser libre, aprendiendo a invertir, haciendo trading e inversiones de largo plazo.*
5. *Nada se logra sin disciplina y perseverancia. El tiempo es tu mejor amigo. La mente tu principal herramienta. Y la constancia tu mayor garantía de éxito.*
6. *La técnica puedes aprenderla en horas. La sabiduría la adquieres con los años. Leyendo, comprendiendo y actuando.*
7. *Nadie aprende a nadar leyendo libros sobre el mar. Tienes que lanzarte al agua. Eso sí, con las medidas de seguridad necesarias. Mejor si lo haces con instructores y mentores capacitados.*
8. *En Latino Wall Street queremos ayudarte a crecer. Nuestro "negocio" no es tu dinero. Es enseñarte a ganarlo, siendo libre, sereno y consistente.*

AHORRA, APRENDE, INVIERTE

Te garantizo que valdrá el esfuerzo. La emoción de invertir y hacerle seguimiento a los gráficos. El ver tus acciones revalorizadas, el ganar dinero inmediatamente, casi a diario, simplemente por ser capaz de leer una tendencia, tener información adecuada y la mente serena de un trader exitoso.

Síguenos en @latinowallst y @gabywallstreet. Aprende con nosotros. Hazte parte de nuestro Movimiento y súmate al camino de miles y miles de latinos que estamos aprendiendo, invirtiendo y ganando.

ACTÚA

PASO A PASO…CÓMO ABRIR TU PRIMERA CUENTA PARA INVERTIR CON EL BRÓKER

El primer paso para comenzar a invertir, después de aprender lo básico, es abrirte una cuenta en simulador o "demo".

La cuenta demo es un instrumento que te permitirá familiarizarte con el mundo del trading, la Bolsa y sus indicadores.

Te facilitamos la labor dándote esta guía para que puedas abrir tus cuentas (la demo, para practicar y luego la real, para ganar).

Pasos a seguir:

1. Estudia, repasa los módulos todas las veces que puedas y practica en cuentas demo o simulacro.
2. Aprovecha las clases en vivo de Latino Wall Street TV, que son todos los días de lunes a viernes a las 2:00 p.m., hora del este de Estados Unidos de Norteamérica. Haz todas las preguntas que tengas a los instructores y coaches que tenemos. Ellos pueden ayudarte.
3. Escoge el horario que se adapte a ti para invertir. Recuerda que la Bolsa funciona de 9:30 am a 4:00 pm. Hora de Nueva York
4. No inviertas por impulso, tampoco lo hagas a ciegas, estudia el mercado.
5. Encuentra tu estrategia, que te funcione, ya sea day trading, swing trading o largo plazo.
6. Analiza las compañías donde quieres empezar a invertir. Lee noticias e informes sobre su desempeño.
7. Aplica lo aprendido en el análisis técnico y fundamental.
8. Identifica las tendencias del mercado, ellas son tus mejores guías a la hora de operar.
9. Elige un horario y espacio físico en el cual puedas estar en paz, enfocado sin que nada te distraiga.
10. Ponte límites, define las horas y los montos que quieres dedicarle al Trading.

11. No escuches tantas noticias ni te intoxiques con tanta información en redes e Internet. Enfócate en tutores confiables o tus instructores de Latino Wall Street, solo aplica lo aprendido y suelta el miedo.

12. Arriésgate, da el siguiente paso.

Mi recomendación personal es que tomes acción. Lo más pronto posible.

Y eso sucede, cuando compras tu primera acción. No importa el monto, ni la compañía, hazlo.

Solo así vas a perder ese miedo que nos paraliza y no nos deja avanzar, no se trata de la computadora, del espacio, del tiempo, la familia, etc. No, no es eso, es miedo a lo desconocido y a perder lo que por ahora nos hemos ganado.

Tener la sensación de haber comprado la primera acción y ver que tu cuenta empieza a subir y saber que es real que, si se puede hacer dinero en las inversiones, con el conocimiento y las herramientas adecuadas es una sensación indescriptible.

Después de esa primera inversión las demás hablarán por sí solas y esa va a depender de ti. Estudio, practica, riesgo, análisis, estrategias y pasos que, poco a poco, irás sumando a esta experiencia de lograr la libertad financiera.

Inicia con una cuenta demo o simulacro. Aquí te explicamos el paso a paso de los dos brókeres o corredores que más recomendamos como plataformas digitales.

Eso sí, toma en cuenta que nuestra recomendación se basa en sus facilidades tecnológicas. No tenemos ninguna relación comercial con ellos, más allá de ser usuarios frecuentes de sus servicios.

PASO A PASO PARA ABRIR TU CUENTA DEMO E INVERSIÓN EN TD AMERITRADE

ABRIR CUENTA EN TD AMERITRADE

El bróker o corredor de bolsa es el intermediario entre nosotros y la Bolsa de Valores de Nueva York, por medio de este instrumento tenemos acceso a comprar, vender acciones y opciones sin fin de otras operaciones.

En Latino Wall Street recomendamos 2 brókeres: uno de ellos es **TD AMERITRADE**. Son plataformas confiables y dan un servicio excelente y de alta calidad al cliente. Compartimos los beneficios que nos ofrece este bróker, los cuales se detallan a continuación:

- Los requisitos para abrir cuenta son mínimos.
- Acepta personas con o sin seguro social, utilizando el ITIN o número para reportar impuestos en Estados Unidos.
- El mínimo de depósito es de $50.00 USD, por transferencia.
- No hay mínimos de mantenimiento.
- Costos bajos; TD Ameritrade solo tiene un cargo de .65 centavos de dólar por cada transacción de opciones.
- No tiene costos por data de mercado.
- Se puede operar en su página web, la cual es simple y sencilla de manejar.
- Ofrece una plataforma avanzada de gráficas llamada Thinkorswim, la cual se puede usar tanto en real como en demostración, donde tu puedes comenzar a practicar tus operaciones con dinero de papel.
- Ofrece una cuenta demo por 2 meses completamente gratis para que practiques antes de abrir tu cuenta real.
- Su plataforma es en el idioma inglés.
- Ofrecen servicio técnico vía telefónica en español, número en EE. UU 888.376-4684.
- Tiene restricciones para la apertura de cuentas dependiendo del país donde te encuentres. Los países aceptados son; Estados Unidos, México, Colombia, Chile, Perú, algunos países de Asia entre otros.

PASO A PASO PARA ABRIR CUENTA REAL EN TD AMERITRADE.

- Abrir la página web www.tdameritrade.com
- Selecciona abrir nueva cuenta en la parte superior derecha.

Open New Account

- Selecciona Cuenta individual, luego abrir cuenta individual ahora.
- Documentos que se necesitan:
    - Número de Seguro Social o número de ITIN.
    - Identificación fiscal, pasaporte o visa (en caso de no ser ciudadano o residente permanente.
    - Nombre, dirección y número telefónico de su empleador (en caso de ser empleado).
- Llenar toda la información personal solicitada:
    - Nombres y apellidos completos (como aparece en su documento de identidad).
    - Correo electrónico - Email.
    - País de residencia actual.
    - Dirección de vivienda actual, ciudad, estado y código postal.
    - Número telefónico.
    - Clic en aceptar que ha leído la declaración de privacidad de TD Ameritrade.
    - Hacer clic en continúe con su información personal. Continua...
    - Fecha de nacimiento.
    - Pregunta importante: ¿Usted es ciudadano de los EE. UU, sí o no? Responder según sea el caso.
    - Si la respuesta es "SÍ" solo deben colocar los datos correspondientes.
    - Si la respuesta es "NO" deben completar los datos correctamente según sea su caso. Ya sea tengan Seguro Social Obligatorio SSN o ITIN.
    - Información de empleo: Seleccionar la opción que aplique para su caso.

¿Cuál es el plan para usar esta cuenta?

La respuesta es la primera. **Transacciones de inversión, incluidas acciones, bonos, opciones, ETFs y fondos mutuos.**

CONTINÚE CON LA INFORMACIÓN FINANCIERA...

Rellenar todos los campos, empezando por: Ingresos anuales, valor neto, patrimonio neto líquido. Observación, según la cantidad de ingresos que usted coloque será aprobado el nivel de trading. Pero no se preocupen luego pueden ir subiendo de nivel.

¿De dónde provienen los fondos para el depósito inicial?

Seleccionar cualquiera de las opciones presentadas, **Ej.: Cuenta de cheque.**

Afiliaciones: Eres afiliado tú o un familiar directo a un bróker. La respuesta para las dos preguntas es "NO".

¿Dónde quieres que vayan los fondos que tienen en cuenta?

Recomendamos la primera, es dinero estará asegurado por la FDIC, es un programa que utilizan los brókeres para ser más eficiente con el dinero que no estés utilizando y está efectivo en la cuenta. Pero no hay que preocuparse, son procesos internos y tú podrás disponer de tus fondos siempre. Siempre les recomendamos leerlas y seleccionar la que sea más conveniente para usted.

CONTINÚE CON LA REVISIÓN DE LA INFORMACIÓN...

En este paso verificar todos los datos e información que ya hemos agregado a la solicitud y corregir en caso de ser necesario.

CONTINUAMOS...

Entrega electrónica de documentos: Puedes descargarlos y leer si lo deseas, pero el Bróker siempre les hará llegar esta documentación, al correo electrónico que ustedes colocaron, en realidad no es necesario. Consejo: No te detengas a leer cada uno de estos documentos, la sesión para abrir la cuenta puede expirar o cerrarse y se perderá toda la información ya suministrada.

Firma: Ya que estas cuentas son abiertas en línea se deben firmar en digital como aparece en la imagen. Solo darle clic y automáticamente se genera la firma digital.

Certificamos que el documento de identidad que colocamos es el correcto.
Colocamos **I AGREE** (estoy de acuerdo), y firmar como lo explicamos en el paso anterior.

CONTINUAMOS...

Casi terminamos, ahora vamos a configurar el inicio de sesión.

- Crear tu usuario
- Crear contraseña y confirmar.
- Apellido de soltera de la madre.
- Elegir preguntas de seguridad y su respuesta. Son 4 preguntas.

Importante: En este punto tome nota de toda la información solicitada, con ella podrá entrar a su cuenta, recuperarla, verificarla entre otros en caso de ser necesario.

ENVIAR...

Listo, tu cuenta ya está abierta.
Cuenta Número: XXXXXXX debes guardar el número de cuenta.
Identificación de usuario: Es el que creamos en el paso anterior.

¿QUE SIGUE?

CONTINUE TO FUNDING

Pero este paso lo vamos a explicar más adelante, solo debes seleccionar todos los métodos o ALL METHODS y luego seleccionamos financiar más tarde O FUND LATER.

CONTINUAR...
Finaliza tu cuenta

Selecciona el tipo de cuenta:

- MARGIN PRIVILEGES
- OPTIONS TRADING
  OR
- CASH ACCOUNT ONLY
  Las cuentas recomendadas son OPTIONS TRADING o CASH ACCOUNT ONLY.

¿Qué es una cuenta Margen?

Es una cuenta de corretaje que le permite utilizar apalancamiento para adquirir valores. Esto significa que el titular de la cuenta puede tomar un préstamo del bróker (dinero prestado o línea de crédito que ofrece el bróker al tener esta cuenta) para realizar inversiones.

Las reglas del margen están reguladas federalmente, pero los requisitos del margen, así como también el interés pueden variar entre bróker y negociantes.

No lo recomendamos ya que este tipo de cuentas son utilizadas para hacer Opciones Avanzadas.

Nota: Si ustedes luego quieren cambiar el tipo de cuenta lo pueden hacer de dos maneras: 1.) Llamado a TD Ameritrade (en los números ya indicados) o; 2.) Abrir una cuenta nueva con la opción de Margen, pueden tener las dos cuentas.

CONTINUAMOS...

Al seleccionar OPTIONS TRADING podemos aplicar de una vez para el nivel de opciones que deseamos operar.

Seleccione un nivel de negociación para opciones:

- **Nivel 1 - Covered** (cubierto o llamadas cubiertas):
Covered calls y venta de puts

- **Nivel 2 - Standard Cash** (Estándar Efectivo):
Compras de calls y puts, y covered calls y venta de puts

- **Nivel 2 - Standard Margin** (Estándar Margen):
Spreads, compras de calls y puts y covered calls y venta de puts

- **Nivel 3 - Advanced** (avanzado):
Privilegios de Margen, spreads, compras de calls y puts y covered calls y venta de puts
La opción recomendada es aplicar a Nivel 2 - Standard Cash.
Describa su nivel de trading
- Limited (limitado)
- Good (bueno)
- Extensive (extenso)
- Professional (profesional)

¿Cuáles son los objetivos de inversión para las opciones comerciales?

- Growth (crecimiento)
- Speculative (especulativo)
- Income (renta o ingresos)
- Conservation of capital (conservación del capital)

¿Cuántos años de experiencia tiene en opciones financieras?

- Less than 1 (menos de 1 año)
- 1 – 2
- 3 – 5
- 6 – 9
- 10 or more (10 o más)

¿Qué tipos de inversión ha realizado en el pasado?

- Stocks
- Bonds
- Options
- None

Firmar y CONTINUAR...

Aprobados para el nivel seleccionado, si no fue aprobado no se preocupe puede volver a aplicar el nivel de trading, la cuenta si es abierta. CONTINUAR...
Desea que su información sea compartida con otras compañías.

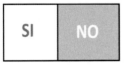

Cómo quiere recibir la siguiente información:

- Estados de cuenta
- Confirmaciones de trading
- Documentos de impuestos fiscales

Usted selecciona el de su conveniencia, ya sea el papel físico a su dirección postal o vía email, que es el más recomendado. CONTINUAR...

Considere la posibilidad de agregar un contacto de confianza. De ser "SI" solo debe colocar los datos de la persona contacto que desea agregar. En caso de ser "NO" solo debes continuar.

Nota: Leer todos los puntos que se especifican en el párrafo, son las facultades que tendrá su contacto de confianza. CONTINUAR...

¿Quieres los datos del mercado en tiempo real?

La respuesta es "SI". Activar datos del mercado en tiempo real y no tenga retraso de 15 min, es importante activarlos, es totalmente gratis.

¿Cuál es el uso de esta cuenta?

La respuesta es: **PERSONAL.**

¿Cuál es la posición y función de empleo?

Si es empleado, colocar los datos de su trabajo actual. Si actualmente no está empleado, colocar **"Not employed".**

Las siguientes 4 preguntas todas las respuestas son **"NO"** . Básicamente preguntan si usted o algún familiar pertenecen o trabajan para entes de la industria financiera regulada por la SEC, FINRA, entre otros. Es importante siempre leer cada una de las preguntas. Acuerdos de suscripción no profesional de NYSE y OPRA

- Acuerdo NYSE no profesional ☑
- Acuerdo OPRA no profesional ☑

Dar clic en cada uno de los enlaces arriba indicados, en el primero firmar de forma digital y llenar los datos que piden que son: nombres, dirección, empleo, entre otros y el segundo es solo abrirlo y listo. Ellos al abrirlos les aparecerá al lado un check de verificación.

Deben aceptar cada uno de ellos y firmar de forma electrónica para que puedan activar los datos del mercado en tiempo real.

Firmar y CONTINUAR...

Personaliza tu cuenta. Ofrecen servicios en línea, como una cuenta bancaria de cheque, puede seleccionar los siguientes:

- Tarjeta de débito Visa
- Chequera
- Pago de facturas en línea.

Es opcional, si no lo desean solo deben desmarcar cada casilla y continuar...
¡Felicidades! Has terminado de abrir tu cuenta en TD Ameritrade.

Si desean en este momento entrar a su cuenta solo deben marcar la opción 2, que dice ir a mi cuenta ahora o visitar las pagina web www.tdameritrade.com y colocar su usuario y clave que crearon para la cuenta.

IMPORTANTE: Al iniciar sesión en la página web de **TD Ameritrade**, vemos la cuenta no plataforma que es **Thinkorswim**. Pero usamos el mismo usuario y clave para iniciar sesión en cada plataforma, igual para practicar en cuenta demo, lo explicaremos paso a paso más adelante.

PAGINA WEB de TD Ameritrade www.tdameritrade.com

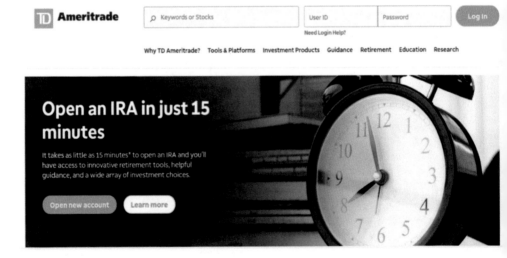

Nota: Es la misma plataforma, solo debe tocar **botón** del centro entre LIVE TRADING y PAPER MONEY, cuando está en verde nos indica que estamos en cuenta real y si está en color mostaza o marrón estamos en cuenta demo (Paper Money).

- Servicio telefónico en español para cuentas nuevas, número en EE. UU 800.454-9272.

CUENTA DEMO EN TD Ameritrade (Thinkorswim)

Thinkorswim: Es la plataforma avanzada de TD AMERITRADE

En ella podemos abrir cuenta demo, aquí te explicaremos el paso a paso a continuación:

- Abrir la página web **www.tdameritrade.com** o el link directo **Register for paperMoney** ambas funcionan para abrir la cuenta demo, recomendamos la segunda opción es acceso directo.
- Registro para practicar operaciones en cuenta demo, seleccionar esta imagen.
- ¿Tienes cuenta en TD Ameritrade?, **SI** o **NO**. La respuesta es **"NO"** ya que esta cuenta la abriremos para practicar antes de abrir cuenta real.
- Introduzca el texto de la imagen que aparece en su pantalla. Como el ejemplo mostrado acá.
- Crear las credenciales para el inicio de sesión. Se debe crear un usuario personalizado Ej.: Mariap123. Nota: Luego se puede modificar el usuario si lo deseas.
- Crear contraseña y confirmar la misma. Ej. contraseña: Maria123, sigue estos pasos que se detallan acá abajo. IMPORTANTE: la contraseña debe coincidir en la confirmación de la contraseña.
- **Importante:** Anotar todos los datos para poder ingresar a su plataforma.

Información de contacto:

- Nombre.
- Segundo nombre (en caso de tenerlo).
- Apellidos.
- Correo electrónico y confirmación del mismo (email).
- Número telefónico (debe seleccionar el código de área de su país).

Datos del domicilio:

- País de residencia (donde vive actualmente).
- Dirección fiscal (datos de la vivienda actual).
- Línea de dirección 2 (pueden colocar otra dirección, pero no es necesario).
- Ciudad.
- Estado.
- Código postal.

Experiencia comercial:

- **¿Cuántos años de experiencia comercial tienes?**

Recomendación: Colocar de 1-5 años, así no tengas experiencia, para que no tengas limitaciones al momento de aprobarse la cuenta.

- **¿Cuántas operaciones queremos hacer al mes?**
  Recomendación: Colocar 50+.
- **¿Qué productos estamos interesados en hacer trading?**
  Acciones (equities).
  Opciones (options).
  Fondos negociados en la Bolsa (Exchange-traded funds ETFs).
- **¿Tienes una cuenta de corretaje existente?**
  No.
- "Enviar", se ha enviado la solicitud.
- Luego nos dará las instrucciones para descargar la aplicación web, ya sea Windows o Mac.
- Descargamos y luego se instalará en tu computador y aparecerá un icono como este.
- Cuando esté en tu computador solo debes colocar tu **"usuario"** y **"contraseña"** que creaste al principio de la solicitud.

CONECTAR TU CUENTA DE BANCO CON TU CUENTA TD Ameritrade

Para los clientes que viven dentro de los EE. UU.
- Entrar a tu cuenta en www.tdametrade.com colocar tu usuario y clave.
- Primer paso vamos a Mi cuenta (My account).
- Luego conectar tu cuenta de banco (account bank connections).
- Conectar ahora (connect now).
- Seleccionar el tipo de cuenta bancaria a conectar, puede ser cuenta de cheque (checking) o cuenta de ahorro (saving).
- Seleccionar si la cuenta de banco está a nuestro nombre "SI".
- Número de ruta del banco (routing number), se encuentra en la parte de abajo del cheque.
- Número de cuenta del banco (account number), se coloca dos veces para confirmación de la misma.
- Crea un nombre para reconocer qué tipo de cuenta has conectado, **Ej.: Bank of America.**

CONTINUAR...

- Debes esperar de 2 a 3 días para que se haga efectiva la conexión.
- Para confirmar si fue efectiva nuestra solicitud sólo debe ir a la campana 🔔 que se encuentra en la parte superior, allí recibiremos todos los mensajes y notificaciones de parte del bróker. Igual nosotros podemos comunicarnos con ellos por ese medio y son muy efectivos dando respuesta.

PASO A PASO PARA ABRIR TU CUENTA EN INTERACTIVE BROKERS

1. Ingresamos a la página web de Interactive Brokers www.interactivebrokers.com.
2. Vamos a la parte superior derecha y hacemos clic en OPEN ACCOUNT se despliega la opción **START APPLICATION**, que es empezar una solicitud.
3. Despliega la pantalla para empezar a crear tu usuario y clave (Username y Password).
   - Necesitas colocar un email.
   - Crear un usuario y clave.
   - Añadir tu país.
   - Preferencias de Marketing, la respuesta es **"NO"**.
   - Le damos clic al botón azul que dice CREATE ACCOUNT que indica crear cuenta.
   En la parte superior a la derecha pueden cambiar de idioma a español.

NOTA: Por favor toma lápiz y papel, para que anotes y guardes estos datos que son súper importantes y te harán falta si tuvieras algún inconveniente con tu cuenta.

4. Luego verificar el correo electrónico. Deben ir a su correo y abrir el mail que les llegó de Interactive Brokers, le dan al botón azul que dice VERIFY ACCOUNT.
5. Luego de verificar les saldrá la pantalla de inicio de Interactive Brokers donde van a colocar el Usuario y Clave creados en el paso anterior, le dan entrar o (LOGIN) y continúan con la aplicación para abrir su cuenta.
6. Seleccionamos el tipo de cuenta, la más utilizada es **Individual** pero todo dependerá de su caso.
7. **Luego llenamos los siguientes campos que detallo a continuación:**
   - Residencia Legal, beneficiario de la cuenta **"SI"**.
   - Información de contacto. En la parte superior a la derecha pueden cambiar de idioma a español.
   - Identificación.
   - Empleo (seleccionan el que se adapte a su caso).
   - Fuente de riqueza (seleccionan el que se adapte a su caso).
   - Preguntas de seguridad (tome nota de las respuestas que le servirán para recuperar su cuenta en caso de ser necesario).
   - Confirmar su número telefónico.
   - Colocar su número de identificación y CONTINUAR...
8. **Configuración de la cuenta:**
   - Tipo de cuenta - Efectivo o Margen, recomendamos cuenta **"Efectivo"**.
   - Ingresos netos: 50,000 - 99,999.
   - Patrimonio neto: 100,000 - 199,999.
   - Patrimonio líquido: 100,000 - 199,999.
   - Permisos de negociación y experiencia de inversiones.

- Crecimiento
- Ganancias de la negociación activa y la especulación
- Permisos de negociación y experiencia de inversión
- **Acciones**: 2 años de experiencia - 26 a 50 operaciones - Conocimiento bueno
- **Opciones**: 2 años de experiencia - 26 a 50 operaciones - Conocimiento bueno
9. **Información reglamentaria:**
   - La respuesta a las 2 preguntas es **"NO"**.
10. **Adicionales de su cuenta:**
   - Programa de optimización del rendimiento de acciones **"NO"**.
11. Cómo ha conocido Interactive Brokers, colocan la opción correspondiente.
12. Revise los acuerdos, en caso de que desee corregir algún dato solo deben seleccionar "Editar" si todo está correcto.
13. Acuerdos de declaración, deben estar seleccionados todos.
14. Firmar. La firma debe ser tal cual como aparece en Denominación de la cuenta

Ej: María García, debe ser igual y CONTINUAR...

15. Se necesita más información para configurar su cuenta...

Damos clic en **CONTINUAR CON LA SOLICITUD.**

16. Estado de la solicitud. Pasos finales para una solicitud completa.
- Financiar su cuenta (recomendamos financiar su cuenta en este momento, aunque puede hacerlo luego).
- Confirmar número de teléfono móvil.
- Enviar un documento de identidad con foto para verificar su identidad.
- Envíe un documento para verificar su dirección personal.

Finalmente, ya tienes tu cuenta para comprar tus primeras acciones, solo debes hacer tu primer depósito y listo... ve al Curso de Plataformas **http://www.latinowallstreet.com/** allí encontrarás muchos videos con el paso a paso para operar en acciones, opciones, entre otros.

CAPÍTULO 10

BONO. Warren Buffett

WARREN BUFFET COMPARTE SU ANÁLISIS Y EXPERIENCIA CONTIGO.

Alguien a quien admiro en el mundo de las inversiones es Warren Buffett. Es un inversor, filántropo y líder de opinión respetado por su sabiduría, éxito financiero e impresionantes logros económicos.

De hecho, es uno de los hombres más ricos del mundo y una figura influyente en el mundo de las finanzas. Siguiendo sus enseñanzas y consejos he aprendido cómo invertir mi dinero, inteligentemente.

Warren Buffett es uno de los más grandes inversores de la historia, su opinión influye en presidentes, inversionistas y los más grandes multimillonarios del planeta. Es un hombre que empezó siendo muy pobre, trabajando desde los once años, pasando de ser un chico vendedor de bebidas a ser uno de los inversionistas más conocidos y respetados del mundo.

Para que tengamos una idea de cuántos años tiene invirtiendo, les diré que comenzó en la década de 1970, prácticamente desde los tiempos en que las inversiones se tenían que hacer en persona y demoraban meses en ejecutarse.

Es una persona con una visión amplia que ha invertido en todo tipo de industrias, desde periódicos hasta Coca Cola, pasando por pequeños negocios, servicios financieros, alimentos y todo tipo de inversión que, gracias a su olfato y sabiduría, ha convertido en buenos negocios para sus socios y asesorados.

A continuación, comparto contigo algunas enseñanzas, análisis y consejos de este gigante multimillonario. Muchas de ellas las aprendí escuchándolo directamente, pues tuve el honor de ser invitada a su conferencia anual del 2020. Un evento muy exclusivo en el cual inversores, banqueros y ministros de economía reciben pronósticos y la visión de Buffett sobre el mundo financiero.

10 lecciones de Warren Buffett

1.- "Nunca apuestes en contra de América"

En su conferencia anual del 2020, hecha en medio de la pandemia de Covid 2019 que paralizó al mundo y la economía, Buffett comenzó repasando parte de la historia contemporánea de los Estados Unidos de Norteamérica. Revisando datos y momentos dramáticos comparándolo con los indicadores y resultados financieros del momento.

Así se paseó por los tiempos de la Gran Depresión, la Caída de la Bolsa en 1929, la Segunda Guerra Mundial, las crisis petroleras, hasta llegar a los ataques del 11 de septiembre del 2001. Buffett demostró cómo la Bolsa de Valores y la economía norteamericana han salido adelante siempre, sin importar lo que haya pasado. Con esto demostró por qué es conocido por su "eterno optimismo."

Buffett compartió que siempre ha apostado a favor de las inversiones en empresas de los Estados Unidos de Norteamérica y por eso está donde está. Sin embargo, aconseja que seamos cuidadosos en tiempos de incertidumbre en cómo manejamos nuestras inversiones.

Esto quiere decir, no invertir ciegamente en una empresa solo por el hecho que sea estadounidense. Debemos hacer siempre nuestra tarea de investigación y análisis sobre sus resultados pasados y conducción presente.

2.- "Las acciones son mejores inversiones que los bonos."

En este libro has aprendido acerca de las diferentes formas de invertir, entre ellas acciones y bonos. Buffett prefiere, en general, comprar y mantener acciones. Su estrategia es mantenerlas por el mayor tiempo posible, ya que dice que esto es mejor que estar jugando o saltando en compra ventas especulativas.

Aunque a Buffett le encantan las acciones de dividendos, a menudo no busca las acciones de mayor rendimiento en el mercado. **Su política de compras se dirige a empresas de alta calidad, con productos o servicios necesarios, buena posición en el mercado y buena gerencia.** Básicamente buscando empresas que generen grandes rendimientos sobre el capital, produciendo un flujo de caja libre creciente debido a las ventajas competitivas arraigadas.

Esto se debe a que un alto rendimiento del capital ofrece a las grandes empresas no solo la capacidad de pagar dividendos, sino también de recomprar acciones y reinvertir en crecimiento.

Uno de sus consejos más conocidos y reiterados de Buffett es *"enfocarse en el largo plazo"*. Incluso si el rendimiento de las acciones no es espectacular o muy atractivo.

Su consejo más frecuente es **"no centrarse tanto en el rendimiento de dividendos a corto plazo y actual de una empresa. Y enfocarse en tener grandes compañías a largo plazo, analizando en cuánto puede crecer su dividendo en el transcurso de décadas."**

Otro consejo que nos da es *"estar preparado para mantener posiciones. Tienes que estar preparado para que una acción te baje 50% y estar cómodo con eso. Y saber esperar el movimiento contrario, sin caer en pánicos o movimiento de manada. No necesitas estar mirando tus acciones a cada momento."*

Buffett pide que nos acostumbremos a los bajones. Que fortalezcamos nuestra psicología como inversionistas. Y afirma: "No necesitas actuar si baja. Tienes que estar con una psicología sólida como inversionista y no asustarte de los números rojos".

3.- *Índices mejor que acciones...*

Recomienda invertir preferiblemente en Índices, más que en acciones individuales de cada compañía. Esto es mejor y menos arriesgado si no tienes conocimientos profundos de la bolsa de valores. Él piensa que la mayoría de las personas no tiene el conocimiento o la información adecuada para escoger empresas individualmente para invertir.

Buffett promueve la diversificación del portafolio para reducir el riesgo. Con los índices, como hemos aprendido en este libro, estás invirtiendo en una canasta de acciones, en vez de apostar a una sola empresa individual.

Uno puede hacer sus inversiones bastante simples. Por ejemplo: Comprando el índice de S&P500.

4.- *Cuidado con los representantes de la industria de finanzas*

Buffett nos da una advertencia: **cuidado con la industria de las finanzas- que complican las inversiones más de lo que son.** Él nos alerta sobre vendedores y brókeres que están más enfocados en ganar comisiones vendiendo instrumentos financieros que generar ganancias a los inversionistas.

Nos explica que las personas en la industria de finanzas nos dirán que todo es complicado, con palabras imposibles, porque quieren que dependas de ellos. Nos dirán que compren cosas específicas, productos diseñados por ellos, donde ellos obtienen un beneficio, además de cobrar altas comisiones.

Es crítico con quienes representan a las compañías financieras, que pueden aprovecharse de su autoridad y del desconocimiento de los clientes para recomendar productos o inversiones que solo benefician a las compañías y sus vendedores, no a los inversionistas novatos o inexpertos. Eso lo hacen para ganar comisiones por ventas de acciones o movimientos.

5.- "Piensa como socio"

Buffett pide a los inversionistas que piensen como "socios" de las empresas en las que invierten, sugiriendo que no debemos tratarlas como fichas de un casino que mueves constantemente. Insiste en que la mentalidad del inversor es lo más importante.

Desafortunadamente, la mayoría de las personas entran a la bolsa de valores con mentalidad de "casino". Desean apostar a una inversión o trade que les cambiará la vida de la noche a la mañana. Si bien nada es imposible, esto es muy escaso. Lo comprobado históricamente es que uno puede crear riqueza en la bolsa de valores con disciplina y paciencia a largo plazo.

Buffett no es trader, es inversionista. Él ha creado su legado enfocándose siempre en su visión hacia el futuro.

6.- "Ten efectivo disponible"

Buffett nos recomienda **tener posiciones de efectivo, para estar preparados ante emergencias.** Hay un gran beneficio en tener liquidez, es decir, efectivo o cash en momentos de incertidumbre. Si tienes un negocio o cualquier inversión siempre fluctúan los precios.

En sus consejos, no sugiere que vendas tus activos si bajan, pero sí recomienda que te prepares acumulando todo el efectivo de alta liquidez que puedas.

Buffett siempre mantiene posiciones grandes de cash en casos de emergencia. Esto es porque hay momentos donde el flujo de dinero puede paralizarse por completo. Y quiere estar preparado para esa pausa. En el contexto de la pandemia del COVID 19, nos compartió que su grupo financiero, Berkshire Hathaway, estaba muy preparado porque tenía más que suficiente cash del que necesitaba para mantener todas sus operaciones e inversiones.

7.- Warren Buffett NO invierte "a medias"

Buffett no hace "trimming" cuando se sale de posiciones. Es decir, no se sale poco a poco o parte. Simplemente se sale por completo al 100% como lo hizo con las aerolíneas de American Airlines, Delta, Southwest y United Airlines en el 2020.

Invirtió en ellas por ser las principales aerolíneas que constituyen el 80% de los vuelos. Se salió en medio de la crisis generada por el Covid 19, debido que ahora le parece una industria en la cual no está claro cuánto tiempo les tomará su recuperación, debido al posible comportamiento del consumidor después de la pandemia del Coronavirus.

8.- El interés compuesto es clave

Buffett apuesta al interés compuesto, orientando los dividendos hacia la reinversión, capitalización o compra de nuevas acciones. Así se explican, en el transcurso de décadas, los astronómicos rendimientos que alcanza cuando se comparan con su inversión inicial al comprar acciones.

Un ejemplo de esto ha sido la relación de Buffett con American Express. Empresa con la cual logró rendimientos del 2,000% siguiendo su estrategia de invertir a largo plazo, en empresas conocidas, bien manejadas y enfocadas en servicios financieros. En este caso su inversión ha sido permanente en el transcurso de 30 años. La escala de esos rendimientos muestra el poder de la capitalización a largo plazo.

9.- Usa el análisis fundamental

¿El secreto de Buffett?
Que apuesta al análisis fundamental y un estudio exhaustivo del desempeño real de la empresa en la cual quiere invertir. Y al hacerlo, una vez que se decide a invertir, comprando acciones, lo hace a largo plazo.

Sin dejarse impresionar por los ruidos noticiosos o publicitarios. Su estrategia conservadora sabe separar las noticias y sus interpretaciones, de los hechos sostenidos en el tiempo.

10.- Filtra el ruido

*Otra gran lección **es saber filtrar el ruido a corto plazo e identificar la ventaja competitiva a largo plazo de una empresa**. Esa no es solo una clave para elegir una acción ganadora, sino también para tener la confianza necesaria para mantenerla en tiempos difíciles, que siempre suceden porque son inevitables, y poder cosechar recompensas a largo plazo.*

Sintetizando los consejos:

Resumiendo, la estrategia de Warren Buffett para crear riqueza a largo plazo, debemos enfocarnos e intentar seguir sus sabios consejos:

- *Índices es mejor que acciones porque diversifican aún más.*

- *Mantener inversiones lo más que podamos.*

- *Mentalidad sólida de inversionista, no de casino.*

- *Alejarnos de industrias muy golpeadas o delicadas, como el caso de las aerolíneas en COVID19.*

- *El futuro es brillante, solo hay que tener paciencia.*

- *Solo los que tienen paciencia y se mantienen firmes con sus inversiones enriquecerán.*

Unas palabras finales

Leer es conectar con el alma de quien escribe.
Yo escribí este libro pensando en las mujeres que conocí en mi infancia peruana.
Pero también en miles de mujeres que he visto agotando sus fuerzas, tiempos y vidas trabajando en lugares desagradables, haciendo tareas que no las hacen felices, vendiendo tu tiempo por poco dinero.

Siempre he pensado que el trabajo debe ser hecho con amor. Y reconocido de la misma manera. Lamentablemente hay millones de personas que viven y mueren sin encontrar su pasión. Trabajando por un salario y haciendo algo que no les gusta. Soñando con el viernes o las vacaciones y odiando el lunes.

Este libro fue escrito para todos los latinos y latinas que sueñan con pasar tiempo de calidad con sus familias. Para los que quieren trabajar por amor en un oficio que los haga sentir útil, satisfechos profesional y económicamente. Y mejor, si trabajan por pasión, no por dinero.

He querido mostrarte un camino para generar ingresos desde tu teléfono o computadora. Para que pongas a tu dinero a trabajar por ti, haciendo de cada dólar un activo que se multiplique en el tiempo.

Estas páginas fueron escritas para liberarte del horario, del jefe odioso o del trabajo desagradable. Si lees con atención, estudias y tomas acción, estoy segura que en veinticuatro meses estarás en una posición muy distinta.

Pero todo comienza en tu mente. Primero reconociendo que eres una persona valiosa y capaz. Que tienes un tiempo limitado en la tierra y que lo peor que puedes hacer es derrochar ese poco tiempo de vida haciendo cosas que no te gustan solo para pagar deudas.

Naciste para vivir en libertad. No para comprar, ni pagar deudas. El dinero debe ser tu amigo. Y trabajar para ti. Así que ponlo a trabajar. Con inteligencia.

*Empieza ya. Aprende todo lo que puedas. Busca en **latinowallstreet.com** información sobre nuestras clases. O mira algunas clases gratuitas y abiertas que tenemos en YouTube. Edúcate. Y pon tu dinero a trabajar.*

Hazlo de forma sostenida. Compra tu primera acción. Establece un horario para hacer trading, invertir en acciones o en criptomonedas. Confía en ti, usa tu inteligencia y tu tiempo. Y verás que, al cabo de pocos meses, empezarás a ver tu dinero aumentar de forma impresionante.

En Latinoamérica los salarios básicos oscilan entre 230 y 500 dólares. Por un mes de trabajo duro, en condiciones muchas veces desagradables. ¿Cómo sería tu vida si esos mismos 500 dólares te los pudieras ganar en ocho horas, en vez de las cuarenta horas mensuales?

¿Cómo sería tu vida si supieras que cuentas con el dinero suficiente para poder vivir tres o seis meses sin trabajar? ¿A qué te dedicarías? ¿Con quién compartirías tu tiempo libre?

Esto es posible. Pero requiere una sola cosa. Tu decisión de ser libre.

Hazlo. Libérate del miedo, la pereza y la ignorancia.
Libérate de las dudas. Comienza a confiar en ti. Tú puedes aprender. Tú puedes ganar.

Comienza con 20 dólares. Da lo mismo. Lo importante es comenzar.
Estas páginas te están mostrando un camino. Pero verlo no es igual que recorrerlo.

Así que ponte en marcha. Lee de nuevo el libro si es necesario. Suscríbete a nuestros canales en YOUTUBE, síguenos por nuestras redes @gabywallstreet y @latinowallst.

Apúntate a uno de nuestros cursos básicos. Invierte, gana y vuelve a invertir en tu educación y tu cartera de acciones, criptomonedas y opciones.

Te educas para ganar.
Ganas dinero, ganas autoestima, tiempo y libertad.
Para seguir educándote y ganando.

Gracias por creer en ti. Gracias por creer en mí.

Hagamos esto juntos.
Sigamos aprendiendo. Sigamos ganando.

Gabriela Berrospi
Fundadora de Latino Wall Street
@gabywallstreet @latinowallst

LATINO
WALL STREET
@latinowallst

Gabriela Berrospi
@gabywallstreet

La primera edición de este libro salió en el 2020.

Lo escribimos buscando ayudar a la mayor cantidad de latinos, queríamos darles una oportunidad de aprender a generar ingresos desde sus casas, en plena crisis del COVID 19. Y fue providencial.

Junto a este libro dimos talleres en línea y muchísima información útil y gratuita a través de mi cuenta de Instagram @gabywallstreet.

Nuestra misión es enseñar a los latinos a obtener ingresos de forma independiente, paralela a sus empleos y actividades tradicionales.

En Latino Wall Street, nuestra escuela en línea, tenemos profesores que enseñan a invertir en la Bolsa de Valores de Nueva York y ahora también con criptomonedas.

Nuestra intención es sacar a la mayor cantidad de latinos de la dependencia económica. Queremos liberarlos del empleo con salarios mal pagados o de una vida sin sentido, trabajando para pagar deudas y sobrevivir.

Esta segunda edición del libro me ratifica en el compromiso que tengo con todos los latinoamericanos. Especialmente con las mujeres latinas, que son el centro del hogar y muchas veces el principal soporte económico de las familias.

Quiero que aprendamos a manejar, racional y emocionalmente, el dinero. Comprendiendo sus ciclos económicos, las fluctuaciones del mercado y los criterios adecuados para invertir exitosamente en la Bolsa de Valores.

De eso se trata este libro. Aquí aprenderás a ganar dinero. Manejando tu emoción, agudizando tu capacidad de análisis y sobre todo decidiéndote a ser libre para que puedas vivir administrando tu dinero, tu tiempo y tus pasiones.

Al final todos queremos ganar dinero, salud y buenas relaciones personales. Si lees con atención, aprendes y aplicas, te garantizo que descubrirás la magia de las inversiones y la convertirás en un camino de abundancia y libertad.

Gabriela Berrospi/ @gabywallstreet Fundadora de Latino Wall Street

Made in the USA
Middletown, DE
23 October 2023

41276305R00084